# 管道施工机械手的设计与研究

王　丹／著

中国矿业大学出版社
· 徐州 ·

## 内容提要

随着城市化进程的加速，管道施工的需求不断增加，但传统的人机混合作业方式存在安全隐患和效率低下等问题。本书研究了一款用于大型地下管网施工的管道施工机械手，旨在提高管道施工的效率和安全性。

本书从机械手的机械原理、动力学仿真实验分析、光电定位和控制策略等方面进行了深入研究。机械原理部分设计了带有自锁功能的机械手，并建立了运动学和动力学模型。动力学仿真实验分析部分采用虚拟样机技术，验证了机械手的建模正确性。光电定位部分设计了不同工况下的定位系统，并通过仿真和实验测试验证了其有效性。控制策略部分提出了一种基于模糊神经网络的控制器，并通过遗传算法优化了其参数，仿真结果表明该控制器具有良好的动态性能和抗干扰性。

本书可供从事管道施工及机械相关专业的研究生和工程技术人员参考使用。

**图书在版编目(CIP)数据**

管道施工机械手的设计与研究 / 王丹著 . —徐州：中国矿业大学出版社，2024. 6. — ISBN 978 - 7 - 5646 - 6287 - 5

Ⅰ. U175

中国国家版本馆 CIP 数据核字第 2024FY5944 号

**书　　名**　管道施工机械手的设计与研究
**著　　者**　王　丹
**责任编辑**　章　毅
**出版发行**　中国矿业大学出版社有限责任公司
（江苏省徐州市解放南路　邮编 221008）
**营销热线**　(0516)83885370　83884103
**出版服务**　(0516)83995789　83884920
**网　　址**　http://www.cumtp.com　**E-mail**:cumtpvip@cumtp.com
**印　　刷**　江苏凤凰数码印务有限公司
**开　　本**　787 mm×1092 mm　1/16　**印张** 9　**字数** 176 千字
**版次印次**　2024 年 6 月第 1 版　2024 年 6 月第 1 次印刷
**定　　价**　40.00 元
（图书出现印装质量问题，本社负责调换）

# 前　言

随着我国城市化进程的日益加快，各种市政管道施工工程不断增加。而目前我国的管道施工技术还停留在人机混合作业的状态下，在施工中经常用起重机和挖掘机来配合工人进行管道吊装和对接工作。由于管道埋设比较深，极易出现沟槽的塌方，每年因此造成的人员伤亡事故时有发生。因此，如何减少管道施工的伤亡事故，提高管道施工的效率，使管道施工与现代化的科学技术有机结合是目前管道施工行业亟须解决的问题。

本书研究的管道施工机械手是用于城市建设中大型地下管网施工的现代化机械设备，它的应用在提高管道施工效率的同时会大大提高地下管道施工的安全性。本书主要针对管道施工机械手的机械原理、基于虚拟样机技术的管道施工机械手动力学仿真实验分析、机械手的光电定位技术和机械手的控制策略等方面进行了研究。重点研究工作、创新及特色如下：

(1) 管道施工机械手的机械原理研究

根据我国市政建设中地下管道铺设的现场状况，本书研究设计了带有自锁功能的管道施工机械手。该机械手以挖掘机为载体，具有4个自由度，由回转连接机构、十字导轨和叉式提升机构等组成，借助于挖掘机，该机械手可以实现管道在空间范围内的姿态调整。叉式提升机构能利用管道的重力自动锁紧管道，实现机械手与管道的固定。管道放下后，利用弹簧使叉手自动复位。为了防止管道被压溃，对自锁卡手作用在管道上的卡紧力进行了分析，得出了计算卡紧力的公式和影响卡紧力大小的参数，为保证机械手的正常工作提供基本的依据。利用 D-H 方法建立了机械手的运动学和动力学模型，为机械手的控制策略研究奠定基础。

(2) 管道施工机械手虚拟样机建模与动力学仿真实验分析

为了能够准确模拟机械手的工作过程，为物理样机的设计和制造提供参数依据，联合采用 Solidworks、Ansys、Adams 软件建立机械手的虚拟样机。虚拟样机建模过程中主要采用了如下方法：考虑到机械手在工作过程中部分构件的形变对系统动态特性的影响，虚拟样机采用刚-柔耦合建模方式，并对柔性构件的应力与应变进行了分析；为了避免冗余约束的产生，使模型中导轮与导轨之间的作用力更接近实际工况，机械手模型在导轮之间添加了过渡轴；为了真实模拟机械手工作时摩擦力的状态，针对传统添加摩擦力的方法不能准确动态跟踪摩擦力的变化，采用了添加外力等效运动副中的摩擦力的方法。利用仿真数据提供的设计参数设计制造了实验样机并进行了实验，通过实验结果与仿真结果的对比验证了机械手虚拟样机建模的正确性，与实验样机高度相符。

(3) 管道施工机械手的光电定位技术研究

针对管道施工机械手的实际工作情况，本书研究了不同工况下机械手在铺设管道时的光电定位技术，并设计开发出了机械手的光电定位系统。利用逆坐标变换理论分别建立了单靶定位、双靶定位和三靶定位时光电定位系统的数学模型，该模型为控制系统控制机械手的运动提供了控制参数，实现了管道的对接与安装。对光电定位系统进行了仿真分析与实验研究，并通过实验分别测试了光电定位系统的数据采集和无线传输数据能力，对实验结果进行了分析，得出了影响光电定位系统工作能力的因素。对光电定位系统的仿真和实验测试结果表明，该光电定位系统能够满足机械手完成管道铺设任务的要求。

(4) 管道施工机械手的控制策略研究

管道施工机械手是一个多输入、多输出的非线性、强耦合的机械系统，且机械手在铺设管道过程中所握持水泥管节和机械手自身位姿的时刻变化对机械手系统影响很大，传统的跟踪控制和抗干扰控制已不能满足机械手运动稳定性和抗干扰要求。本书在对机械手动力学特性进行分析的基础上，设计了一种基于RBF的10输入、5输出的模糊神经网络控制器，给出了一种不同于传统算法的新型模糊神经网络控制算法，并利用改进的遗传算法对隶属函数和模糊控制规则进行了优化，对控制器进行了仿真研究。仿真结果表明：优化后的控制器动态性能良好，在输出信号控制下各个关节可以很好地动态跟踪输出轨迹，完全能够满足机械手安装水泥管节的精度要求。

**著者**

2023年7月

# 目　录

# 第1章 绪 论

## 1.1 研究背景

管道运输作为国民经济的五大运输方式之一，具有高效率和低费用的特点，是一种既经济又环保的运输方式，不论是在城市建设中，还是在长途水、油、气的运输中，都发挥着不可替代的重要作用。我国长输油气管道总长度累计已达数万千米，在建和拟建的有数千千米。而随着我国城市化进程的日益加快，各种市政管道施工工程也不断增加。目前，我国的管道施工技术还停留在人机混合作业的状态下，在施工中起重机和挖掘机经常用来配合工人进行管道吊装和对接工作。但由于管道埋设比较深，极易出现沟槽的塌方，造成人员的伤亡。

一起起伤亡事故说明，现今采用的管道施工技术并没有随着科技进步而获得发展，仍然处于人工作业或人机混合作业的落后状态，其技术水平已经与社会的进步和技术的发展不相协调，由此造成的伤亡事故给社会和家庭带来的损失是无法计算的。本研究正是在此背景下提出的，所研究的埋设管道用施工机械手主要用于地下管网建设中的大型水泥管节的安装，它可以完全代替人工实现地下管道的自动安装与定位，它的应用可以大大提高管道施工的效率，减少或避免伤亡事故的发生。

## 1.2 国内外研究现状

### 1.2.1 国外地下管道施工技术的发展与现状

管道施工在国外经历了由完全人工操作到机械自动化这样一个过程，在施工中起重机和反铲式挖掘机经常用来配合工人进行管道吊装和对接工作。尽管美国职业安全与健康管理局制定了严格的安全标准用来防范管道施工过程中的安全事故发生，但据统计，从1976—1981年每年约有1 000起沟槽的塌方事故发生，1994年有1 024起沟槽的塌方事故发生。另一项统计表明1997年从事管道施工的人数占全美工人总数的5%，但发生施工事故死亡的人数占到全美事故死亡总人数的20%[1]。由此可见，管道施工中的沟槽塌方严重威胁到施工工人的人身安全。基于此，一些国外大学等研究机构已经开展了地下埋设管道施工技术的相关研究，开发出了应用于地下管道施工的自动化机械设备，并取得了许多成果。

美国北卡罗来纳州立大学建筑自动化与机器人实验室的莱昂哈德·贝诺德博士在1997年就已完成了第一代管道铺设机械手的样机。它以挖掘机为支撑平台，用铲斗钩起管道机械手，如图1-1所示。管节用钢丝绳固定在机械手底部的两个平行钢管架上，吊起管节后，管节可以绕垂直轴线旋转和沿管节轴线方向移动。机械手采用液压驱动，整个系统比较简单，管节的位姿调整功能不强，不适应于管道施工。2001—2005年，该实验室完成了第二代大型混凝土地下管道铺设机械手的研究和试验工作。针对美国管道施工现场的实际情况，第二代管道机械手系统仍然采用挖掘机为载体，更新了机械手的工作原理和控制技术，如图1-2所示。管节被吊起后，除了可以绕垂直轴线转动和沿管节轴线运动外，还可以绕垂直管节轴线的水平线进行摆动。机械手安装有激光定位靶，控制系统采用无线视频在线监视和遥控技术，可以根据激光定位靶的定位信号调节管节的位姿。第二代机械手比第一代在技术上有了很大的提高，在施工现场也得到了应用，但该机械手仍需要借助于人工来完成管道铺设，控制方式比较简单，无法实现智能化。除了开发出大型混凝土地下管道铺设机械手外，该实验室还完成了地下聚氯乙烯、铸铁和铸钢管(长管节)管道施工机械手，该机械手能够实现对长管节的握持与对接[2-9]。

图1-1 美国北卡罗来纳州立大学建筑自动化及机器人实验室研究的管道施工机械手

图 1-2 美国北卡罗莱纳州立大学建筑自动化与机器人实验室研究的第二代管道铺设机械手

2003年韩国国家建筑工程研究院与韩国弘益大学联合研究了一种新型管道铺设机械手(图1-3),该机械手采用六个油缸对其进行位姿调整与控制,通过油缸驱动夹钳握持管节,用单片机控制液压电磁阀,手动开关控制操作[10-14]。北卡罗来纳州立大学建筑自动化与机器人实验室研制的管道施工机械手通用性强,可以适用于多种直径的管道施工;韩国研制的管道施工机械手结构紧凑,但只适用于固定直径的管道施工。图1-4所示为海瑞克管道铺设设备。

图 1-3 韩国国家建筑工程研究院研究的管道铺设机械手

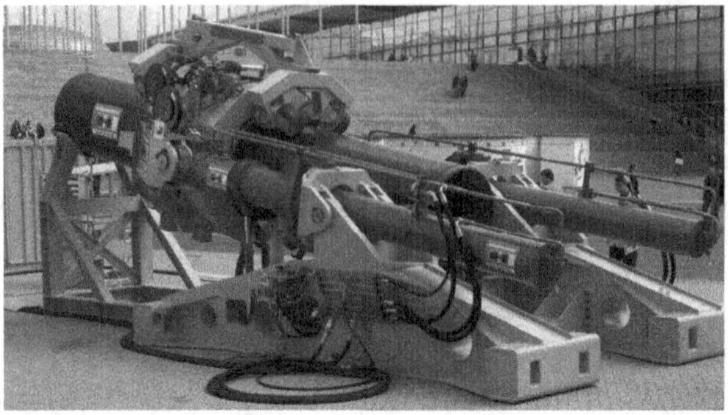

图 1-4　海瑞克管道铺设设备

### 1.2.2　国内研究现状

我国的工业机器人从 20 世纪 80 年代“七五”科技攻关开始起步，在国家的支持下，通过“七五”“八五”科技攻关，目前已基本掌握了机器人操作机的设计制造技术、控制系统硬件和软件设计技术、运动学和轨迹规划技术，生产了部分机器人关键元器件，开发出喷漆、弧焊、点焊、装配、搬运等机器人，但总的来看，我国的工业机器人技术及其工程应用的水平和国外比还有一定的距离，如：可靠性低于国外产品；机器人应用工程起步较晚，应用领域窄，生产线系统技术与国外比有差距。当前我国的机器人生产都是应用户的要求，“一个客户，一次重新设计”，品种规格多、批量小、零部件通用化程度低、供货周期长、成本也不低，而且质量、可靠性不稳定。因此迫切需要解决产业化前期的关键技术，对产品进行全面规划，搞好系列化、通用化、模块化设计，积极推进产业化进程。

我国的智能机器人和特种机器人在“863 计划”的支持下，也取得了不少成果。其中最为突出的是水下机器人，6 000 m 水下无缆机器人的成果居世界领先水平[15-23]。同时，还开发出直接遥控机器人[24-26]、双臂协调控制机器人[27-29]、爬壁机器人[30-31]、管道机器人[32-36]等几种机器人；在机器人视觉[37-40]、力觉[41-42]、触觉[43-45]、声觉[46-49]等基础技术的开发应用上开展了不少工作，有了一定的发展基础。但是在多传感器信息融合控制技术、遥控加局部自主系统遥控机器人、智能装配机器人、机器人化机械等的开发应用方面则刚刚起步，与国外先进水平差距较大，需要在原有成绩的基础上，有重点地系统攻关，才能形成系统配套可供实用的技术和产品。根据国内外机器人发展的经验、现状及近年的动态，结合当前国内经济发展的具体情况，我国机器人技术应重点开展智能机器人、机器人化机械及其相关技术的开发及应用；开展以机器人为基础的重组装配系统及其相关技术的开发研究及加强多传感器融合及决策、控制一体化技术及应用的研究。重点解决我国已研制应用多年的示教再现型工业机器人的产业化前期关键技术,大力推进其产业化进程,力争实现喷涂、焊接、装配等机器人的产业化。

与国外的发展状况相比,国内对于管道机械手的研究工作起步比较晚,而且目前情况下的大多数研究还停留在实验室阶段,但是经过这么多年的研究与创新,我国在管道机械手的研究领域也取得了丰硕的研究成果。

哈尔滨工业大学于1996年研究成功用于野外大口径输送管道对接焊缝工业X射线检测[50]。邓宗全负责的课题组开发的"管道焊缝实时检测机器人"可用于直径900 mm以上管道焊缝的质量检测,一次检测距离可达2 km,该机器人不仅能在3 min内初步判别和记录焊缝中有缺陷的位置,并直观明确表示出所在方位,图像识别与处理系统有清晰的人机界面。该管道焊缝实时检测技术在管内外同步控制与定位原理与方法上有重大创新,并具有独立的知识产权,可广泛地应用于长输管道工程的射线检测,有极大应用前景。

到目前为止,我国在大型地下埋设管道施工机械手方面的研究尚属起始阶段,沈阳建筑大学的李斌教授科研团队于2008年开始从事这方面的研究工作,已经开发研究出一款适合我国市政建设需要的管道施工机械手,该研究正是在此背景下完成的。山东科技大学机器人研究中心研制的喷浆机器人拥有完全自主知识产权,是采用全新的机械结构和控制系统的喷浆机器人产品,2001年获山东省科技进步一等奖,2002年获得了国家科技进步二等奖[51-53]。

## 1.3 研究的目的和意义

针对我国目前地下管道施工混乱且落后的状况,本研究可发展具有智能水平的专用地下管道施工装备,从根本上改变地下管道施工的传统方式来大大减少或完全避免施工过程中的伤亡事故发生,并可以提高管道施工的效率和质量,使我国的地下管道施工进入一个全新的历史阶段。因此,本研究成果具有十分重要的社会意义和经济意义。

本研究内容涉及机械结构、虚拟样机技术、智能控制和光电定位技术等多种学科,所研究的成果不仅满足管道施工机械手的要求,也能够丰富我国建筑施工机械的理论研究。所研究的大型地下埋设管道施工机械手的整体工作原理和工作装置(机械手)对管节的握持与搬运,位姿调整与对接运动等机构将实现原理创新;研究的优化控制算法将丰富非线性、多输入、多输出机械手类的控制算法种类,适合应用于其他类型的机械手控制;研究的管道施工机械手虚拟样机技术解决了虚拟样机建模过程中普遍存在的若干问题;研究的光电定位原理与相关技术适用于其他类似自动化设备的定位需求,为我国开发具有完全自主知识产权,并达到国际领先水平的管道智能施工机械手奠定理论与技术基础,对提高我国工程装备的研究水平具有重要的推动作用。

## 1.4 研究内容

① 针对我国市政建设中管道施工的现状,设计了带有自锁功能叉手的管道施工机械手。研究管道施工机械手的工作原理,包括机械手在管节被可靠握持、提升、对接过程中的位姿调整等机械运动原理。研究分析了机械手提起管道后叉式提升机构作用在管道上的卡紧力,给出了计算卡紧力的数学公式和影响卡紧力大小的因素。利用 D-H 方法建立了机械手的运动学和动力学模型,为机械手的控制策略研究奠定基础。

② 利用软件建立机械手的虚拟样机,解决虚拟样机模型中运动副摩擦力的添加、部分杆件的柔性处理和滚动导轮存在冗余约束、受力不合理等问题。对柔性部件进行了应力和应变分析。通过实验结果和仿真结果的对比验证了虚拟样机建模的准确性。

③ 研究了机械手的光电定位系统。通过坐标变换理论推导出了光电定位系统的数学模型,该模型为控制系统控制机械手的运动提供了控制参数。研究了光电定位系统的工作原理,设计出了光电定位靶。对光电定位系统的数据采集和无线传输数据能力进行了实验测试,并对实验结果进行了分析。通过对光电定位系统的实验测试,表明该光电定位系统能够满足机械手完成管道铺设任务的要求。

④ 在对机械手动力学特性进行分析的基础上,设计了一种基于径向基函数(Radial Basis Function,简称 RBF)的 10 输入、5 输出的模糊神经网络控制器,给出了一种不同于传统算法的新型模糊神经网络控制算法,并利用改进的遗传算法对隶属函数和模糊控制规则进行优化,对控制器进行了仿真实验研究。

本研究采用理论分析、计算机仿真和实验验证相结合的方法,研究机械手的工作原理和机械构型、机械手的智能控制技术和光电定位技术等。

## 1.5 技术路线

本研究的技术路线如图 1-5 所示。

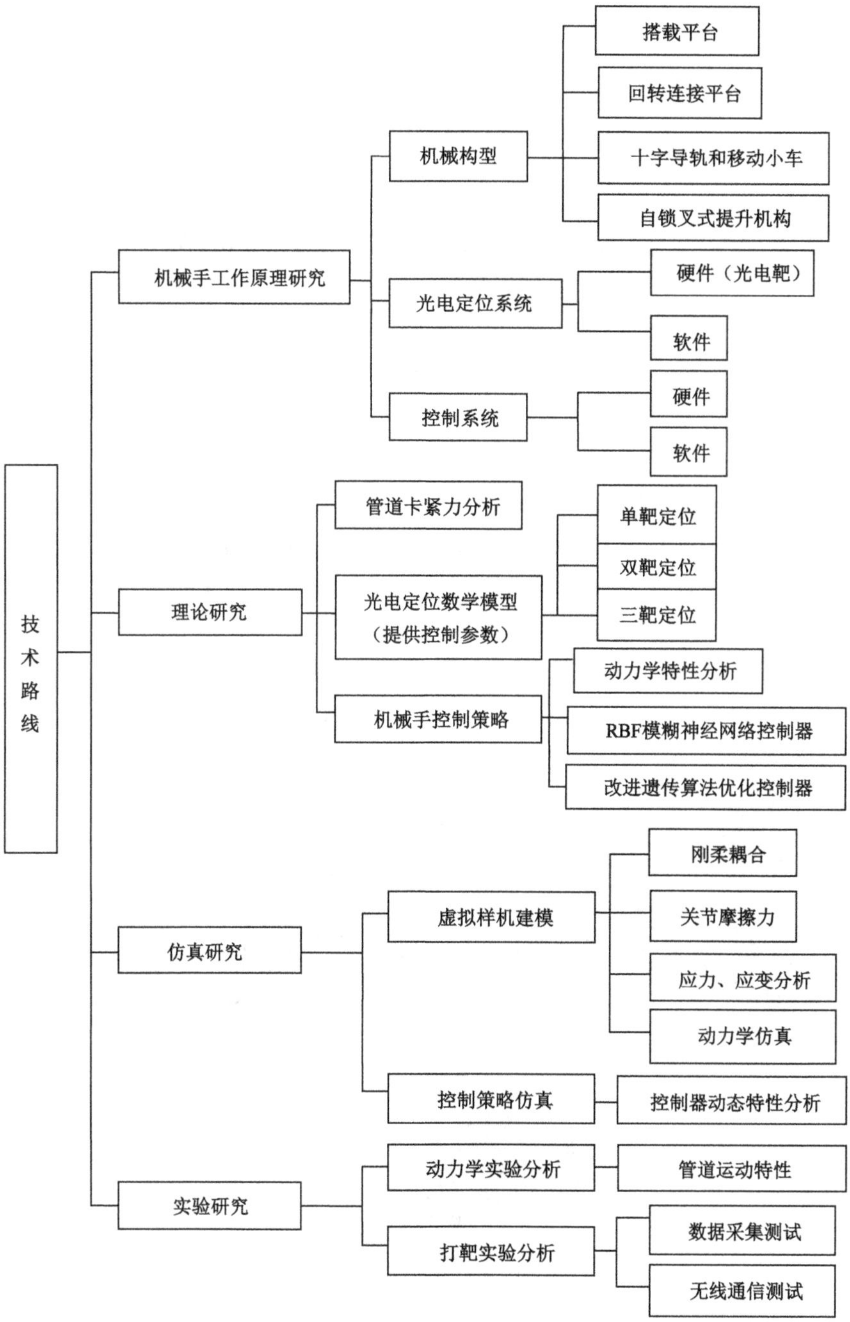
技术路线
机械手工作原理研究
机械构型
搭载平台
回转连接平台
十字导轨和移动小车
自锁叉式提升机构
光电定位系统
硬件（光电靶）
软件
控制系统
硬件
软件
理论研究
管道卡紧力分析
光电定位数学模型
（提供控制参数）
单靶定位
双靶定位
三靶定位
机械手控制策略
动力学特性分析
RBF模糊神经网络控制器
改进遗传算法优化控制器
仿真研究
虚拟样机建模
刚柔耦合
关节摩擦力
应力、应变分析
动力学仿真
控制策略仿真
控制器动态特性分析
实验研究
动力学实验分析
管道运动特性
打靶实验分析
数据采集测试
无线通信测试

图 1-5 技术路线

# 第2章　管道施工机械手的机械原理分析

## 2.1　引言

目前我国的管道施工仍然停留在人机混合作业的状态下，管道的安装与对接主要依靠挖掘机和人工来完成(图 2-1)，每年由于沟槽的塌方等原因造成的人员伤亡事故时有发生。本研究的管道施工机械手是用于铺设大型水泥管道(例如城市排污、排洪、引流等管道)的专业设备。针对管道施工现场的实际情况，该管道施工机械手以挖掘机为载体，是带有弹簧复位功能和具有正反馈自锁特性的叉式提升机构，采用液压驱动方式，具有光电定位系统，能自动完成管道的安装对接。

(a)

(b)

(c)

图 2-1　管道施工现场

## 2.2　管道空间运动姿态分析

任意刚体在空间坐标系中都具有 6 个自由度，管道在对接安装的过程当中需要调整空间的姿态以完成铺设。如图 2-2 所示，管道为轴对称的刚体，在运动中不需要绕其自身的轴线运动，即可以不考虑绕 $y$ 轴的旋转运动，只要具有沿 3 个轴线的直线运动和绕 $x$ 轴、$z$ 轴的转动，共 5 个自由度就可以实现管道在空间的任意姿态调整。根据以上分析，设计夹持管道的机械手需要具有满足管道空间 5 个自由度运动的功能。

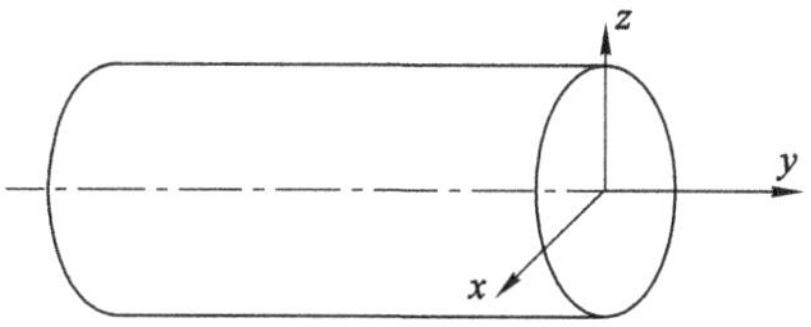


图 2-2　管道空间位置坐标

## 2.3　机械手的工作原理分析

为了满足管道对接安装的需求，本研究设计的管道施工机械手以挖掘机为载体，安装在挖掘机的铲斗部位。管道为轴对称的空心圆柱体，故其绕管道轴线转动的自由度不予考虑。机械手在竖直方向上的运动由挖掘机实现比较容易，所以没有考虑其垂直方向的自由度，在挖掘机基座固定的状态下，机械手的 4 个自由度加上挖掘机铲斗的 4 个自由度可以实现管道在空间的任意姿态调整。在管道安装过程中，由机械手负责管道的握持与管道对接时位姿的微调，大范围的运动由挖掘机来实现。机械手结构如图 2-3 所示。

该机械手具有 4 个自由度，绕垂直于管道轴线的垂直轴线转动，沿管道轴线方向移动和垂直管道轴线方向的水平移动，以及绕垂直于管道轴线的水平轴线转动。机械手以挖掘机为载体，工作时，把挖掘机的铲斗卸下，机械手通过连接架安装在挖掘机的铲斗部位。回转平台可以绕主连接架轴线转动±20°。回转平台通过导轮与十字导轨的上导轨相连，通过液压缸推动十字导轨移动。移动小车挂在十字导轨的下导轨上，可以在其上来回移动。

由移动小车、液压提升连杆、管道叉手和自锁压板组成的具有自锁特性的叉式提升机构，机械手不工作时，自锁压板会自动地顺时针转动贴合在管道叉手上

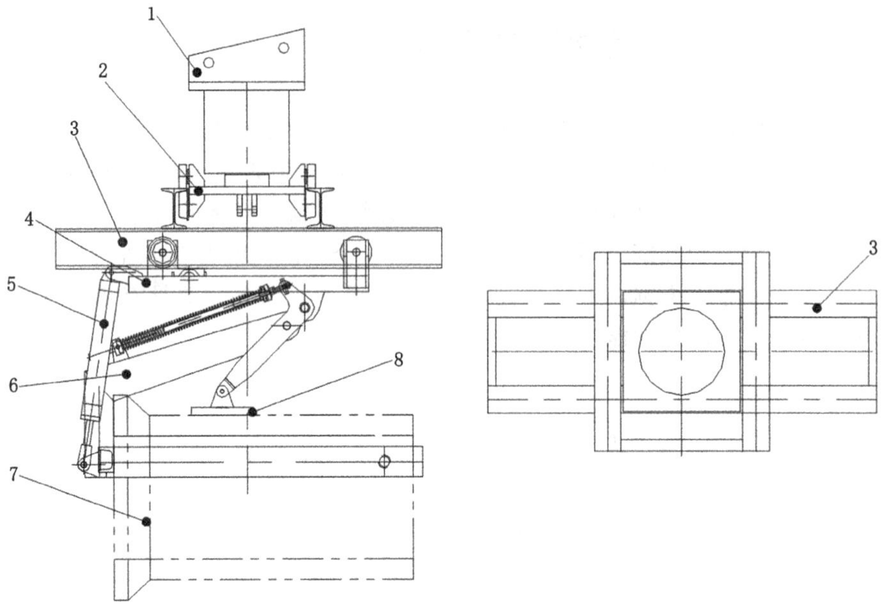


1—连接架；2—回转连接平台；3—十字导轨；4—移动小车；
5—液压提升连杆；6—管道叉手；7—水泥管道；8—自锁压板。

图 2-3　机械手结构简图

斜梁上。当机械手提起管道，由于管道的自重，自锁压板会自动压紧水泥管道，放下管道时它又会自动放松收回。机械手提起管道后，叉手和压板的相对位置是固定的，它们只可以绕小车架的连接轴转动，转动角度由液压提升连杆控制。

从上述分析可以看出，管道施工机械手是以挖掘机为载体，主要由回转连接平台、叉式提升机构等组成，该机械手能够实现管道在空间的 4 个自由度，完全满足地下的管道施工需要。下面将从各个部分入手，进一步分析机械手的具体构型和工作原理。

## 2.4　机械手的搭载平台

本研究的机械手采用相对技术更为成熟的液压挖掘机为搭载平台，机械手通过连接架与挖掘机的铲斗部分连接起来，如图 2-4 所示。将挖掘机的铲斗卸下，然后把机械手的连接耳板通过连接螺栓与挖掘机铲斗部位的连接架固定在一起，这样就可以利用挖掘机实现机械手的大范围移动，当需要小范围调整管道姿态时，挖掘机即可当作机械手的固定基座。通过机械手和挖掘机的组合可以实现机械手所握持管节在空间中任意调整其姿态。

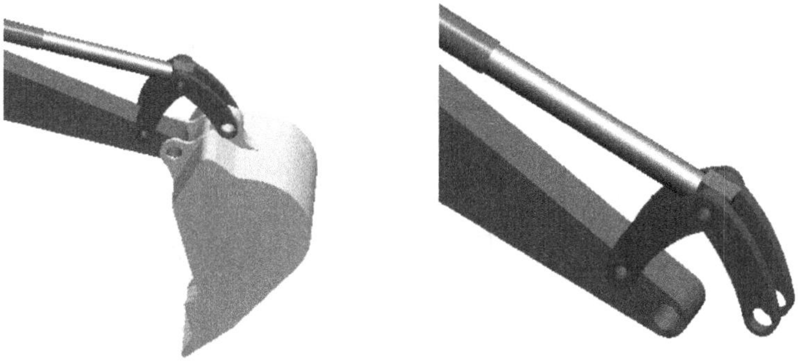

（a）铲斗　　（b）连接架

图 2-4　机械手与挖掘机的连接部分

液压挖掘机是一种典型的工程机械机器人，广泛应用于矿山的挖掘、开采、交通、水电工程以及市政的土建工程等领域。20 世纪 80 年代以来，随着液压技术、微电子技术、传感技术、内燃机技术以及自动控制技术的兴起和成熟，国内外液压挖掘机制造技术得到迅速发展。机电一体化技术、电子检测、监控，电子节能控制、轨迹跟踪控制、自主挖掘控制以及智能控制等技术广泛应用于挖掘机上[54-62]。国内外对液压挖掘机的自动控制和位姿检测方面有广泛的研究，特别是美国、日本、俄罗斯以及法国、德国等国家所研制的自动控制液压挖掘机已经可以把铲斗的位置精确度控制在 50 mm 以内，该精度完全满足机械手铺设大型水泥管道的需求[63-66]。

机械手进行管道铺设工作时，先用挖掘机将机械手带入预定区域，当其达到机械手的位置控制范围内后，挖掘机保持静止不动，管道位姿的调整和定位安装由机械手完成。采用挖掘机作为搭载平台的优点还在于小范围的管道铺设时，仅用一台挖掘机就可以完成挖沟、铺设管道和掩埋工作，在提高施工过程安全性的同时降低了成本，且提高了施工效率。

## 2.5　管道施工机械手的机械结构分析

在管道的施工中，大部分管道铺设的路径为水平直线。根据上一节分析，管道施工机械手具有 4 个自由度，绕垂直于管道轴线的竖直轴线转动，沿管道轴线方向移动和垂直管道轴线方向的水平移动，以及绕垂直于管道轴线的水平轴线摆动，它们分别由回转连接平台、十字导轨、叉式提升机构来实现。

### 2.5.1 回转连接平台

回转连接平台用来与挖掘机连接，实现机械手绕垂直于管道轴线的竖直轴线转动，同时支撑十字导轨在回转平台下的导轮上移动。结构如图 2-5 所示。

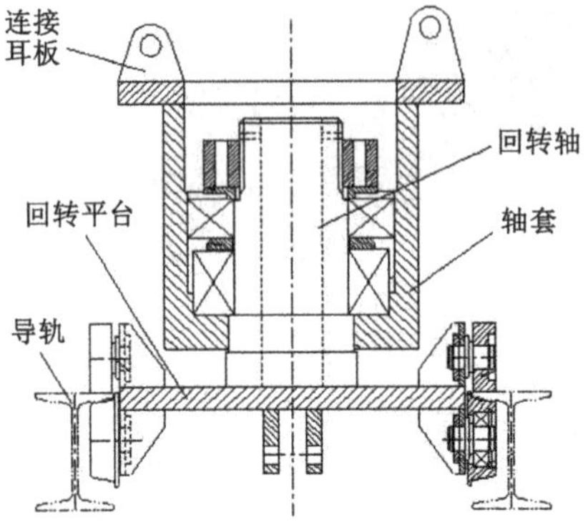


（a）二维图

（b）三维图

图 2-5 机械手回转连接平台

回转连接平台采用 300 mm×300 mm×10 mm 的钢板，在回转连接平台中间焊接回转轴，轴为空心阶梯轴，轴端车有螺纹，轴装入轴套中，轴上装有推力轴承和深沟球轴承，用于承受机械手下部的垂直载荷与弯矩，轴的端部装有螺母，用来紧固 2 个轴承。在平台的四角焊接轮架，如图 2-6 所示，轮架用 63 号槽钢制作，在槽钢内侧焊上 5 mm 厚的钢板作为轮轴的加强板。轮架上安有 4 对导轮，下导轮为承力导轮，上导轮为导向轮。

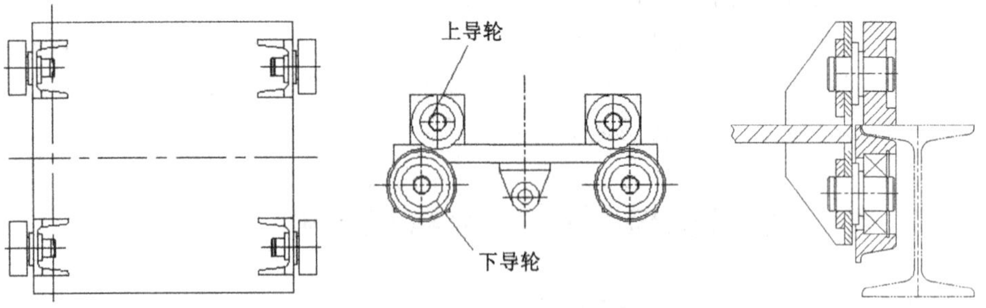


（a）俯视图 （b）侧视图 （c）主视图

图 2-6 导轮结构与分布

承力导轮外轮面制作成 1∶6 的圆锥面，与导轨平面坡度相同，轮内安有深沟球轴承。轮缘外延高出 3 mm，承受横向载荷。上导轮紧贴导轨上表面，工作时压紧导轨防止其跳动。

### 2.5.2　十字导轨和移动小车

图 2-7 所示为十字导轨和移动小车。导轨采用 100 mm×68 mm×4.5 mm 的工字钢，在导轨的两端焊接有 30 mm×3 mm 的等边角钢来加强导轨稳定性，同时用来防止导轮移动到导轨末端时脱离导轨，在角钢上焊有耳板用于连接液压缸。十字导轨通过导轮连接到回转平台，导轨可以在回转平台上来回移动，平台下面的耳板用来连接液压缸，液压缸的另一端连接在十字导轨的横梁上，通过液压缸的伸缩驱动十字导轨移动，从而实现管道在水平面的两个方向运动。

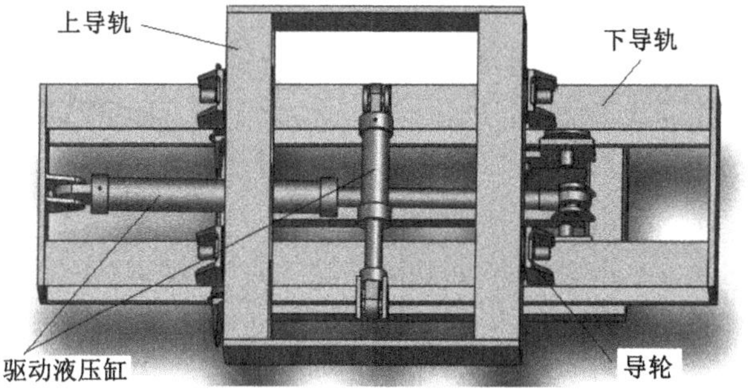


图 2-7　十字导轨和移动小车

叉式提升机构的上半部为移动小车，小车上安装有导轮，在十字导轨的下导轨上移动。机械手工作时，小车受力主要集中在前部，所以在前部的每侧用 2 个导轮与导轨连接。

### 2.5.3　自锁叉式提升机构工作原理分析

管道提升机构采用自锁式叉式机构，如图 2-8 所示。叉手插入管道后，利用管道的自重自锁卡手会自动卡紧管道。叉手采用钢管组成，适用于直径 500～1 500 mm、长度小于 2 m 的管道。

当机械手未夹持管道时，如图 2-9(a)所示，由于弹簧复位器的作用，叉手自动收紧，卡手与支腿收进叉手的上梁内。当叉手插入管道并提升管道时，如图 2-9(b)所示，由于管道重力的作用，叉手受力向下移动，支腿受叉手作用绕固定点转动，直到卡手压板压紧管道外壁，此时机械手的叉式提升机构相对位置固定，通过控制液压缸的运动来调整叉手的倾角，从而实现管道在垂直面内的转动。

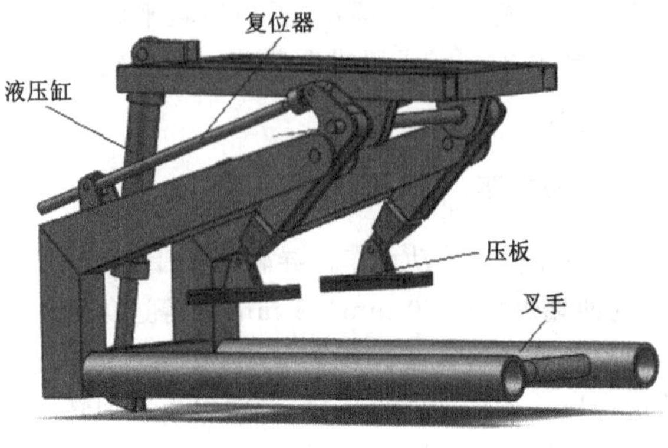


图 2-8　自锁叉式机构

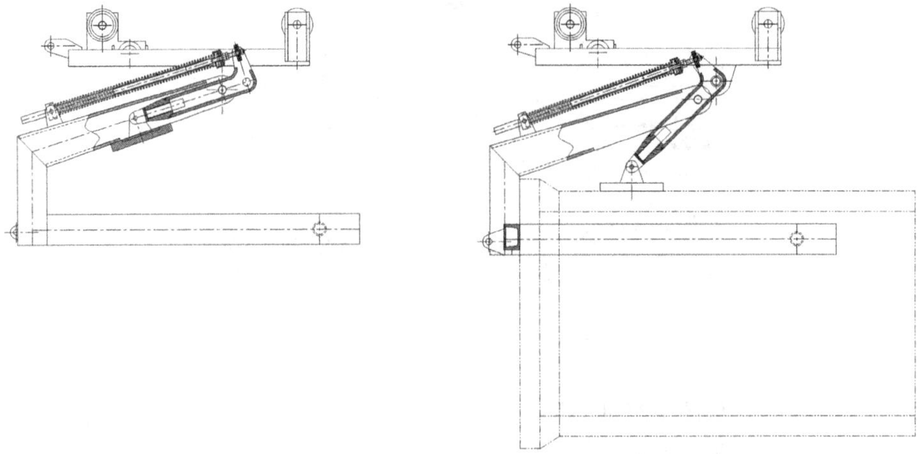

（a）非工作状态　　（b）工作状态

图 2-9　叉式提升机构非工作状态和工作状态

## 2.6　叉式提升机构压紧力与管道强度的分析

### 2.6.1　求解叉式提升机构的相关参数

机械手在握持管道对接过程中，叉式提升机构作用在管道上的压紧力大小需合适，太大会压溃管道，太小管道会松动压不紧。管道的压紧力由管道和机械手的自重产生。设管道的外径为 $R$，壁厚为 $B$，管道长 $L$，叉手的两个叉管的中

心距离为 $2a_1$，如图 2-10 所示。当提升机构的叉手插入管道内并提起管道时，两只叉管和管道内壁相切，机械手的自锁压板会压紧管道防止其移动滑落，此时，整个夹紧装置各部件位置相对固定，如图 2-11 所示，机构的各个参数如表 2-1 所示。

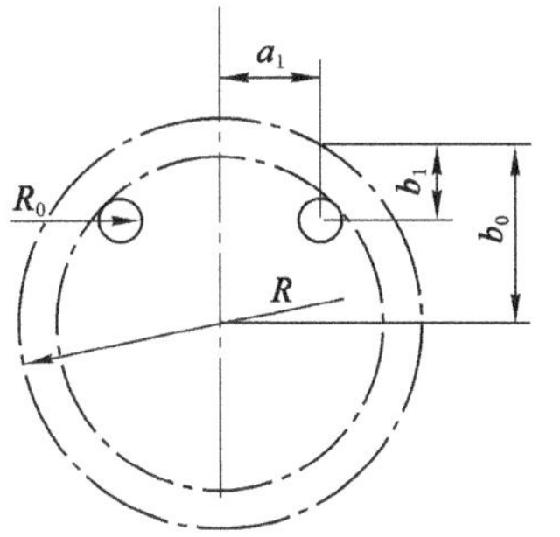


图 2-10　叉手与管道

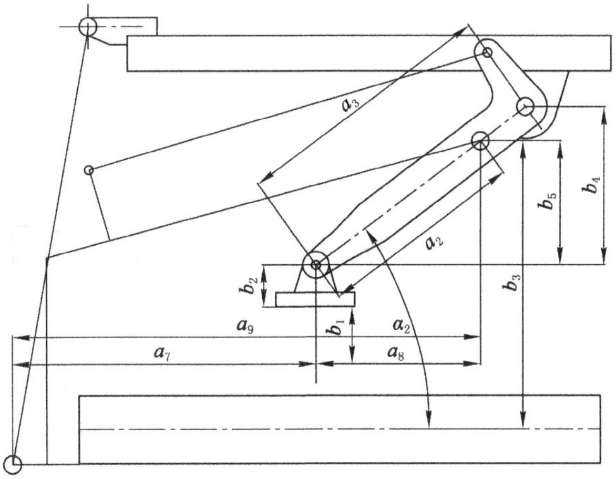


图 2-11　叉手提起管道后结构简图

**表 2-1　机构参数**　　单位：mm

| 参数名称 | $R_0$ | $a_1$ | $a_2$ | $a_3$ | $a_4$ | $a_5$ | $a_6$ | $b$ | $b_2$ |
|---|---|---|---|---|---|---|---|---|---|
| 参数值 | 76 | 190 | 235 | 392 | 65 | 75 | 370 | 450 | 60 |
| 参数名称 | $b_3$ | $\alpha_3$ | $\alpha_4$ | $\alpha_6$ | $l_1$ | $l_2$ | $d_0$ | | |
| 参数值 | 412 | 49.1° | 17.0° | 33.2° | 50 | 328 | 24 | | |

(1) 求解提升机构卡手与叉子的竖直距离 $b_1$

$$b_0=\sqrt{R^2-a_1^2} \tag{2-1}$$

$$b_1=b_0-\sqrt{(R-B-R_0)^2+a_1^2} \tag{2-2}$$

(2) 求解提升机构卡手臂与叉子的夹角 $\alpha_2$

由图 2-9 和式(2-1)中所给出的各杆件参数,求得:

$$b_5=b_3-b_1-b_2 \tag{2-3}$$

因 $\sin\alpha_2=\dfrac{b_5}{a_2}$,故:

$$\alpha_2=\arcsin\frac{b_5}{a_2} \tag{2-4}$$

则:

$$a_8=a_2\cos\alpha_2 \tag{2-5}$$

$$a_7=a_9-a_8 \tag{2-6}$$

### 2.6.2 求解叉式提升机构自锁卡手复位力

叉式提升机构的卡手复位力是由弹簧被压缩而产生的,卡手在弹簧的作用下可以绕叉手的销轴转动直到卡手收回到叉手的上梁下面卡住为止,如图 2-12 所示。

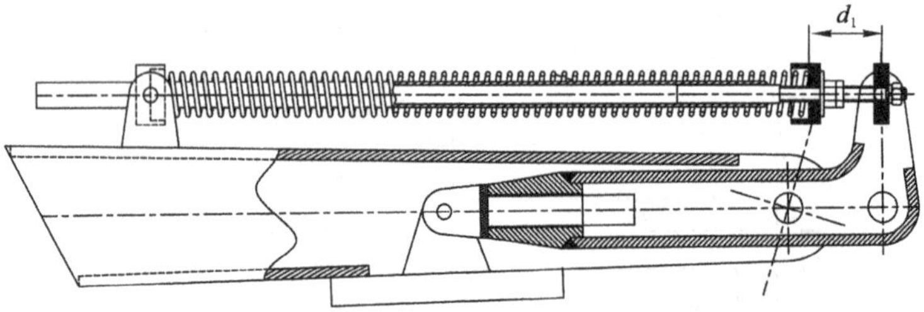


图 2-12 叉式提升机构卡手收回后结构简图

根据管道卡紧后的自锁卡手几何结构图,得到:

$$\alpha_1=270°-\alpha_2-\alpha_3-\alpha_4 \tag{2-7}$$

$$d=\sqrt{a^2+b^2-2ab\cos\theta_1} \tag{2-8}$$

弹簧变形量为:

$$f=d+d_1-d_0 \tag{2-9}$$

式中 $d$——弹簧原长,mm。

则自锁卡手的复位力为[66]:

$$F = kf \tag{2-10}$$

式中　$k$—弹簧刚度，N/mm。

### 2.6.3　叉式提升机构受力分析

把叉式提升机构拆分成各个独立构件，对各个构件分析其受力情况，列出力、力矩平衡方程求解各力。

针对图 2-13 建立叉式提升机构的力分析模型，根据余弦定理得到：

$$\cos\alpha_0 = \frac{d_0^2 + l_2^2 - l_1^2}{2d_0 l_2}$$

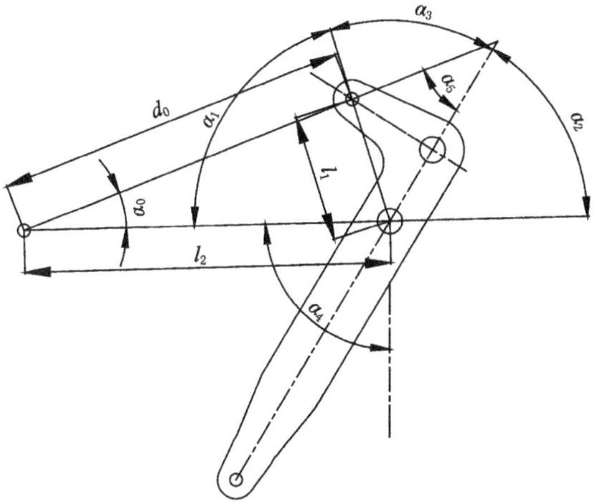


图 2-13　卡紧管道后自锁卡手几何结构图

则：

$$\alpha_0 = \arccos\frac{d_0^2 + l_2^2 - l_1^2}{2d_0 l_2} \tag{2-11}$$

根据图 2-13 中的几何关系，得到：

$$\alpha_5 = 180° - \alpha_0 - \alpha_1 - \alpha_3 \tag{2-12}$$

以卡手支撑臂与小车架连接处的销轴为支点，如图 2-14 所示，得出构件的力矩平衡方程：

$$F_4 \cdot a_4 = F \cdot a_5 \cos\alpha_5 + F_z \cdot a_3 \cos\alpha_2 \tag{2-13}$$

$$F_z \cdot a_7 + G \cdot a_G = F_4 \cdot a_6 \tag{2-14}$$

$$a_6 = a'_6 \cdot \cos(\alpha_2 - \alpha_6) \tag{2-15}$$

由式(2-14)和式(2-15)得：

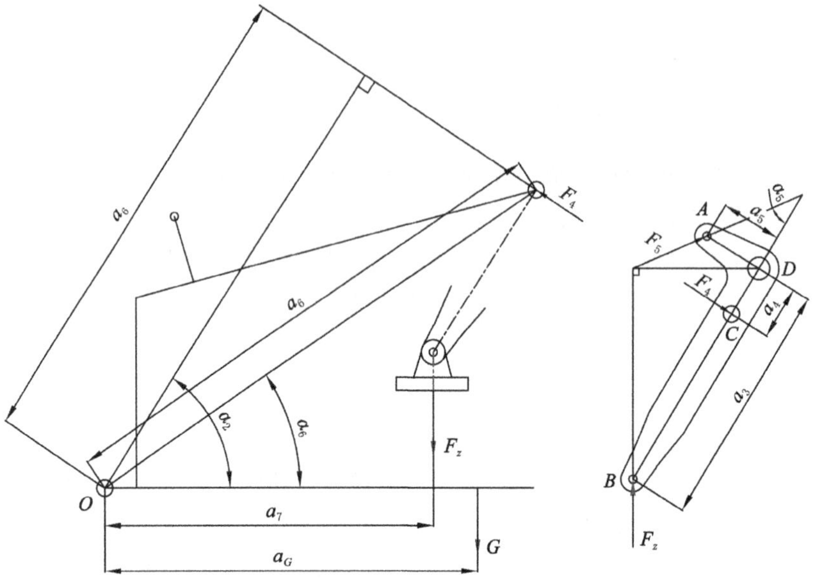


图 2-14 叉式提升机构提起管道后构件受力图

$$F_4 = F_5 \frac{a_5 \cos \alpha_5}{a_4} + F_z \frac{a_3 \cos \alpha_2}{a_4} \tag{2-16}$$

$$F_z \cdot a_7 + G \cdot a_G = (F_5 \frac{a_5}{a_4} + F_z \cdot \frac{a_3}{a_4}) \cdot a_6 \tag{2-17}$$

则：

$$F_z = \frac{G \cdot a_G a_4 - F_5 a_5 a_6 \cos \alpha_5}{a_3 a_6 \cos \alpha_2 - a_4 a_7} \tag{2-18}$$

### 2.6.4 校核管道强度

管道强度校核采用如下公式：

$$\frac{F_z \cdot k}{S} \leqslant \frac{[\sigma]}{s} \tag{2-19}$$

式中 S——卡手与管道的接触面积，$mm^2$；

$[\sigma]$——管道的许用应力，MPa；

$k$——动载系数；

$s$——安全系数。

若式(2-19)成立，则管道不会被压溃，系统处于安全状态。

当机械手提起管道时，压板作用在管道上的压紧力可根据式(2-18)计算，公式里各个参数的取值和管道的内径相关，该参数可从第 3 章虚拟样机的模型中得到。当管道直径为 1 000 mm 时，经过公式(2-18)计算得到压板作用在管道上的压紧力为 1 541 N，通过式(2-19)计算可得出管道不会被压溃，这与实验结果一致。总之，管道的强度校核是评价机械手系统质量的一个基本的标准，下面针对机械手的动态特性进行分析，获得机械手的运动学和动力学特征，从而确定其系统的优劣性。

## 2.7　机械手的运动学分析

在分析确定了机械手的工作原理和机械构型之后，对机械手的运动特性进行分析。机械手的运动学分析主要解决以下两个问题：

① 已知机械手各个杆件几何参数和各个关节变量，求末端执行器(夹持管道)相对于给定坐标系的位置和姿态。

② 已知机械手各杆件的几何参数，给定末端执行器相对于总体坐标系的位置和姿态，确定关节变量的大小。

第一个问题称为运动学正问题，第二个问题称为运动学逆问题，运动学正解是运动学逆解的基础，而运动学逆问题是设计机械手控制系统所必备的知识。

### 2.7.1　机械手运动学正解

机械手的运动学正问题是已知机械手各关节、各连杆参数及各关节变量，求解夹持管道在基础坐标系的位置和姿态，为运动学逆解分析奠定基础。

#### 2.7.1.1　建立机械手连杆坐标系

以机械手的机械结构为基础，把机械手简化为具有 5 个自由度的空间杆机构(考虑由挖掘机实现的垂直地面的自由度)，建立该机械手的运动学数学模型。

管道施工机械手的对接运动是由机械手关节的旋转和平移合成的，机械结构如图 2-3 所示。管道在对接过程中，目标点位置已知，且固定不动，由光电定位系统确定末端操作器与目标点的相对位置关系，然后由控制系统确定各关节的运动轨迹，从而实现管道的对接。为方便解决问题，把机械手简化成连杆机构，建立机械手的连杆坐标系如图 2-15 所示，基础坐标系设置在挖掘机铲斗部位。

根据图 2-15 确定机械手的连杆参数，如表 2-2 所示。其中：$i$ 表示关节的编号；关节 1、关节 3 和关节 4 为移动关节，关节 2 和关节 5 为转动关节，关节变量 $\theta_i$、$d_i$、$\alpha_{i-1}$ 和 $a_{i-1}$ 为关节参数。

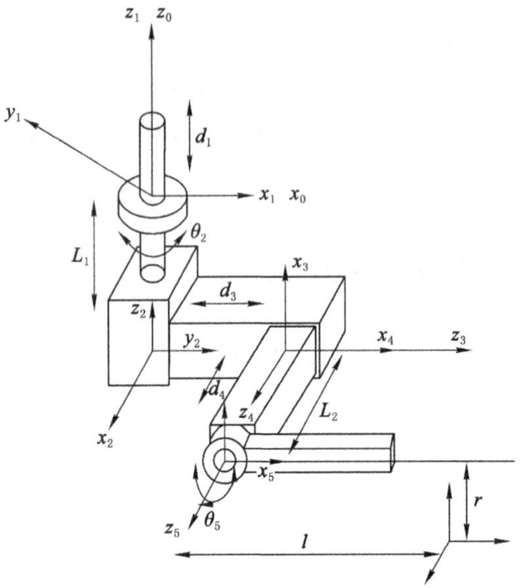


图 2-15　管道施工机械手的连杆坐标系

**表 2-2　管道施工机械手连杆参数**

| $i$ | $\theta_i$ | $d_i$ | $\alpha_{i-1}$ | $a_{i-1}$ |
|---|---|---|---|---|
| 1 | 0° | $d_1$ | 0° | 0 |
| 2 | $\theta_2$ | $-L_1$ | 0° | 0 |
| 3 | −90° | $d_3$ | −90° | 0 |
| 4 | −90° | $d_4$ | −90° | 0 |
| 5 | $\theta_5$ | $L_2$ | 0° | 0 |

### 2.7.1.2　建立机械手的运动方程

下面利用齐次坐标变化法来描述各个连杆相对于固定参考系的空间几何关系[67]，用 4×4 的齐次变换矩阵描述相邻两连杆的空间关系，从而推导出“末端操作器坐标系”相对于“参考系”的等价齐次变换矩阵，建立机械手的运动方程。

相邻两连杆坐标系之间的齐次坐标变换，表示出了相邻两杆之间相对的位姿关系，用矩阵的形式可以表示为公式(2-20)：

$$
{}^{i-1}\boldsymbol{T}_i = \begin{bmatrix} c\theta_i & -s\theta_i & 0 & \alpha_{i-1} \\ s\theta_i c\alpha_{i-1} & c\theta_i c\alpha_{i-1} & -s\alpha_{i-1} & -d_i s\alpha_{i-1} \\ s\theta_i s\alpha_{i-1} & c\theta_i s\alpha_{i-1} & c\alpha_{i-1} & d_i c\alpha_{i-1} \\ 0 & 0 & 0 & 1 \end{bmatrix} \tag{2-20}
$$

式(2-20)中的 $c\theta_i$ 表示 $\cos\theta_i$，$s\theta_i$ 表示 $\sin\theta_i$，$c\alpha_{i-1}$表示 $\cos\alpha_{i-1}$，$s\alpha_{i-1}$表示 $\sin\alpha_{i-1}$。

将表 2-2 中的机械手结构参数和关节变量分别代入上式，可得各相邻连杆之间的变换矩阵如下：

$$
{}^{0}\boldsymbol{T}_1 = \begin{bmatrix} 1 & 0 & 0 & 0 \\ 0 & 1 & 0 & 0 \\ 0 & 0 & 1 & d_1 \\ 0 & 0 & 0 & 1 \end{bmatrix}
$$

$$
{}^{1}\boldsymbol{T}_2 = \begin{bmatrix} c_2 & -s_2 & 0 & 0 \\ s_2 & c_2 & 0 & 0 \\ 0 & 0 & 1 & -L_1 \\ 0 & 0 & 0 & 1 \end{bmatrix}
$$

$$
{}^{2}\boldsymbol{T}_3 = \begin{bmatrix} 0 & 1 & 0 & 0 \\ 0 & 0 & 1 & d_3 \\ 1 & 0 & 0 & 0 \\ 0 & 0 & 0 & 1 \end{bmatrix}
$$

$$
{}^{3}\boldsymbol{T}_4 = \begin{bmatrix} 0 & 1 & 0 & 0 \\ 0 & 0 & 1 & d_4 \\ 1 & 0 & 0 & 0 \\ 0 & 0 & 0 & 1 \end{bmatrix}
$$

$$
{}^{4}\boldsymbol{T}_5 = \begin{bmatrix} c_5 & -s_5 & 0 & 0 \\ s_5 & c_5 & 0 & 0 \\ 0 & 0 & 1 & L_2 \\ 0 & 0 & 0 & 1 \end{bmatrix} \tag{2-21}
$$

式(2-21)中的 $c_i$ 表示 $\cos\theta_i$，$s_i$ 表示 $\sin\theta_i$。

取末端操作器$\{T\}$位置在机械手夹持管道的端部，目标坐标系$\{G\}$位于已铺设好的管道端部，当坐标系$\{T\}$与坐标系$\{G\}$相重合，说明机械手已把管道连接好。

末端操作器$\{T\}$相对于坐标系$\{5\}$的齐次变换矩阵为：

$$
{}^{5}\boldsymbol{T}_{T}=\begin{bmatrix}1 & 0 & 0 & l\\ 0 & 1 & 0 & -r\\ 0 & 0 & 1 & 0\\ 0 & 0 & 0 & 1\end{bmatrix} \tag{2-22}
$$

式中 $l$——管道长,mm;

$r$——管道的半径,mm。

由机械手的光电定位系统可以得出基坐标系{0}相对于目标坐标系{$G$}的位置关系:

$$
{}^{0}\boldsymbol{T}_{G}=\begin{bmatrix}a_{11} & a_{12} & a_{13} & a_{14}\\ a_{21} & a_{22} & a_{23} & a_{24}\\ a_{31} & a_{32} & a_{33} & a_{34}\\ 0 & 0 & 0 & 1\end{bmatrix} \tag{2-23}
$$

$$
\begin{aligned}
{}^{0}\boldsymbol{T}_{T} &= {}^{0}T_{1}\,{}^{1}T_{2}\,{}^{2}T_{3}\,{}^{3}T_{4}\,{}^{4}T_{5}\,{}^{5}T_{T}\\
&=\begin{bmatrix}-s_{2}c_{5} & s_{2}s_{5} & c_{2} & \begin{gathered}-s_{2}s_{5}r-s_{2}c_{5}l+\\(L_{2}+d_{4})c_{2}-d_{3}s_{2}\end{gathered}\\ c_{2}c_{5} & -c_{2}s_{5} & s_{2} & \begin{gathered}c_{2}c_{5}l+c_{2}s_{5}r+\\(L_{2}+d_{4})s_{2}+d_{3}c_{2}\end{gathered}\\ s_{5} & c_{5} & 0 & s_{5}l-c_{5}r+d_{1}-L_{1}\\ 0 & 0 & 0 & 1\end{bmatrix}\\
&=\begin{bmatrix}r_{11} & r_{12} & r_{13} & r_{14}\\ r_{21} & r_{22} & r_{23} & r_{24}\\ r_{31} & r_{32} & r_{33} & r_{34}\\ 0 & 0 & 0 & 1\end{bmatrix}
\end{aligned} \tag{2-24}
$$

得到机械手的运动学正解:

$$r_{11}=-s_{2}c_{5}$$

$$r_{12}=s_{2}s_{5}$$

$$r_{13}=c_{2}$$

$$r_{14}=-s_{2}c_{5}l-s_{2}s_{5}r+(L_{2}+d_{4})c_{2}-d_{3}s_{2}$$

$$r_{21}=-c_{2}s_{5}$$

$$r_{22}=-c_{2}s_{5}$$

$$r_{23}=s_2$$

$$r_{24}=c_2c_5l+c_2s_5r+(L_2+d_4)s_2+d_3c_2$$

$$r_{31}=s_5$$

$$r_{32}=c_5$$

$$r_{33}=0$$

$$r_{34}=s_5l-c_5r+d_1-L_1$$

### 2.7.2　机械手运动学逆解

上一节分析了机械手的运动学正解，当各关节变量已知时，由以上各式可以求出机械手末端的位姿。当机械手末端的位姿由光电定位系统测得，则可以求出各关节变量，即是机械手的运动学反解：

$$d_1=a_{34}+L_1+\cos(\arcsin a_{31})r-la_{31}$$

$$\theta_2=\arcsin a_{23}$$

$$d_3=a_{24}\cos(\arcsin a_{23})-a_{14}a_{23}-l\cos(\arcsin a_{31})-ra_{31}$$

$$d_4=a_{14}\cos(\arcsin a_{23})+a_{24}a_{23}$$

$$\theta_5=\arcsin a_{31}$$

### 2.7.3　利用机械手雅可比矩阵求解机械手的速度

为了研究机械手在对接管道过程中管道的运动速度与机械手关节变量之间的关系，需要求解机械手末端的速度。在机器人研究中，通常使用雅可比矩阵将关节速度与操作臂末端的笛卡尔速度联系起来。本书采用矢量积法来求解管道施工机械手的雅可比矩阵。把管道施工机械手末端连杆的微分移动和微分转动分别用 $d$ 和 $\delta$ 表示，线速度和角速度分别用 $v$ 和 $\omega$ 表示，对于移动关节 $i$ 的运动，它在末端操作器上产生与 $Z_i$ 相同方向的线速度，因此可得出雅可比矩阵的第 $i$ 列。

对于移动关节：

$$\boldsymbol{J}_i=\begin{bmatrix}\boldsymbol{Z}_i\\ \boldsymbol{0}\end{bmatrix} \tag{2-25}$$

对于转动关节 $i$ 的运动，它在末端操作器上产生的角速度为 $\omega=\boldsymbol{Z}_i\times\dot{q}_i$，同时在末端操作器上产生的线速度为矢量积 $v=(\boldsymbol{Z}_i\times{}^i\boldsymbol{P}_n^0)\dot{q}_i$，因此其雅可比矩阵的第 $i$ 列为：

$$\boldsymbol{J}_i=\begin{bmatrix}\boldsymbol{Z}_i\times{}^i\boldsymbol{P}_n^0\\ \boldsymbol{Z}_i\end{bmatrix}=\begin{bmatrix}\boldsymbol{Z}_i\times{}^0\boldsymbol{R}_i\boldsymbol{P}_n^i\\ \boldsymbol{Z}_i\end{bmatrix} \tag{2-26}$$

式中，×表示矢量积符号，${}^{i}\boldsymbol{P}_{n}^{0}$ 表示末端操作器坐标系原点相对于坐标系$\{i\}$在基坐标系$\{0\}$中的位置，${}^{i}\boldsymbol{P}_{n}^{0}={}^{0}\boldsymbol{R}_{i}\boldsymbol{P}_{n}^{i}$，$\boldsymbol{Z}_{i}$ 是坐标系$\{i\}$的 $Z$ 轴单位向量，它是相对基坐标系表示的。

因此根据式(2-25)和式(2-26)可知该机械手的雅可比矩阵具有以下形式：

$$\boldsymbol{J}(\boldsymbol{q})=\begin{bmatrix}\boldsymbol{Z}_1 & \boldsymbol{Z}_2\times{}^{2}\boldsymbol{P}_5^0 & \boldsymbol{Z}_3 & \boldsymbol{Z}_4 & \boldsymbol{Z}_5\times{}^{5}\boldsymbol{P}_5^0\\ \boldsymbol{0} & \boldsymbol{Z}_2 & \boldsymbol{0} & \boldsymbol{0} & \boldsymbol{Z}_5\end{bmatrix}\tag{2-27}$$

关节速度矢量为：

$$\dot{\boldsymbol{q}}=\begin{bmatrix}\dot{d}_1 & \dot{\theta}_2 & \dot{d}_3 & \dot{d}_4 & \dot{\theta}_5\end{bmatrix}\tag{2-28}$$

由各连杆变换矩阵可知：

$$\begin{gathered}
{}^{0}\boldsymbol{R}_1=\begin{bmatrix}1&0&0\\0&1&0\\0&0&1\end{bmatrix}\\
{}^{0}\boldsymbol{R}_2={}^{0}\boldsymbol{R}_1{}^{1}\boldsymbol{R}_2=\begin{bmatrix}c_2&-s_2&0\\s_2&c_2&0\\0&0&1\end{bmatrix}\\
{}^{0}\boldsymbol{R}_3={}^{0}\boldsymbol{R}_1{}^{1}\boldsymbol{R}_2{}^{2}\boldsymbol{R}_3=\begin{bmatrix}0&c_2&-s_2\\0&s_2&c_2\\1&0&0\end{bmatrix}\\
{}^{0}\boldsymbol{R}_4={}^{0}\boldsymbol{R}_1{}^{1}\boldsymbol{R}_2{}^{2}\boldsymbol{R}_3{}^{3}\boldsymbol{R}_4=\begin{bmatrix}-s_2&0&c_2\\c_2&0&s_2\\0&1&0\end{bmatrix}\\
{}^{0}\boldsymbol{R}_5={}^{0}\boldsymbol{R}_1{}^{1}\boldsymbol{R}_2{}^{2}\boldsymbol{R}_3{}^{3}\boldsymbol{R}_4{}^{4}\boldsymbol{R}_5=\begin{bmatrix}-s_2c_5&s_2s_5&c_2\\c_2c_5&-c_2s_5&s_2\\s_5&c_5&0\end{bmatrix}\\
\boldsymbol{Z}_1=\begin{bmatrix}0\\0\\1\end{bmatrix}\\
\boldsymbol{Z}_2=\begin{bmatrix}0\\0\\1\end{bmatrix}\\
\boldsymbol{Z}_3=\begin{bmatrix}-s_2\\c_2\\0\end{bmatrix}
\end{gathered}\tag{2-29}$$

$$\boldsymbol{Z}_4 = \begin{bmatrix} c_2 \\ s_2 \\ 0 \end{bmatrix}$$

$$\boldsymbol{Z}_5 = \begin{bmatrix} c_2 \\ s_2 \\ 0 \end{bmatrix} \tag{2-30}$$

$$^1\boldsymbol{P}_5 = \begin{bmatrix} (L_2 + d_4)c_2 - d_3 s_2 \\ (L_2 + d_4) + d_3 c_2 \\ -L_1 \end{bmatrix}$$

$$^2\boldsymbol{P}_5 = \begin{bmatrix} L_2 + d_4 \\ d_3 \\ 0 \end{bmatrix}$$

$$^3\boldsymbol{P}_5 = \begin{bmatrix} 0 \\ L_2 + d_4 \\ 0 \end{bmatrix}$$

$$^4\boldsymbol{P}_5 = \begin{bmatrix} 0 \\ 0 \\ L_2 \end{bmatrix} \tag{2-31}$$

根据式(2-29)、式(2-30)、式(2-31)可得到：

$$^2\boldsymbol{P}_5^0 = {}^0\boldsymbol{R}_2 {}^2\boldsymbol{P}_5 = \begin{bmatrix} (L_2 + d_4)c_2 - d_3 s_2 \\ (L_2 + d_4)s_2 + d_3 c_2 \\ 0 \end{bmatrix}$$

$$^5\boldsymbol{P}_5^0 = {}^0\boldsymbol{R}_5 {}^5\boldsymbol{P}_5 = \begin{bmatrix} 0 \\ 0 \\ 0 \end{bmatrix}$$

$$\boldsymbol{Z}_2 \times {}^2\boldsymbol{P}_5^0 = \begin{bmatrix} -(L_2 + d_4)s_2 - d_3 c_2 \\ (L_2 + d_4)c_2 - d_3 c_2 \\ 0 \end{bmatrix}$$

$$\boldsymbol{Z}_5 \times {}^5\boldsymbol{P}_5^0 = \begin{bmatrix} 0 \\ 0 \\ 0 \end{bmatrix} \tag{2-32}$$

根据式(2-27)得到机械手的雅可比矩阵：

$$J(q)=\begin{bmatrix}0 & -(L_2+d_4)s_2-d_3c_2 & -s_2 & c_2 & 0\\ 0 & (L_2+d_4)c_2-d_3c_2 & c_2 & s_2 & 0\\ 1 & 0 & 0 & 0 & 0\\ 0 & 0 & 0 & 0 & c_2\\ 0 & 0 & 0 & 0 & s_2\\ 0 & 1 & 0 & 0 & 0\end{bmatrix} \tag{2-33}$$

则机械手末端操作器速度与各关节变量的关系为：

$$V=\begin{bmatrix}v\\ \omega\end{bmatrix}=J(q)\dot{q}=\begin{bmatrix}-(L_2+d_4)s_2\dot{\theta}_2-d_3c_2\dot{\theta}_2-\dot{d}_3s_2+\dot{d}_4c_2\\ (L_2+d_4)c_2\dot{\theta}_2-d_3s_2\dot{\theta}_2+\dot{d}_3c_2+\dot{d}_4s_2\\ \dot{d}_1\\ c_2\dot{\theta}_5\\ s_2\dot{\theta}_5\\ \dot{\theta}_2\end{bmatrix} \tag{2-34}$$

### 2.7.4 用速度递推公式求解机械手的速度

上一节采用雅可比矩阵推导出机械手末端的速度，为了验证其正确性，下面采用速度递推法求解机械手的速度。连杆的运动通常由连杆坐标系原点的线速度和线加速度，以及连杆坐标系的角速度和角加速度来表示，参考系为基坐标系{0}。为便于计算，把连杆的线速度和角速度表示在该杆自身的坐标系中，左上标 $i$ 表示这些矢量是在坐标系{$i$}中描述的，右下标 $i$ 表示某连杆[68]，可得：

$$\begin{aligned}{}^{i}\boldsymbol{\omega}_i&={}^{i}\boldsymbol{R}_{i-1}^{i-1}\boldsymbol{\omega}_{i-1}+s_i\dot{\theta}_i{}^{i}\boldsymbol{Z}_i\\ {}^{i}\boldsymbol{v}_i&={}^{i}\boldsymbol{R}_{i-1}({}^{i-1}\boldsymbol{v}_{i-1}+{}^{i-1}\boldsymbol{\omega}_{i-1}\times{}^{i-1}\boldsymbol{P}_i)+(1-s_i)\dot{d}_i{}^{i}\boldsymbol{Z}_i\end{aligned} \tag{2-35}$$

式中 ${}^{i}\boldsymbol{R}_{i-1}$——坐标系{$i-1$}相对于坐标系{$i$}的旋转矩阵；

${}^{i}\boldsymbol{v}_i$，${}^{i}\boldsymbol{\omega}_i$——连杆 $i$ 在自身坐标系{$i$}中所描述的线速度和角速度；

$\dot{\theta}_i{}^{i}\boldsymbol{Z}_i$——连杆 $i$ 相对于连杆 $i-1$ 转动的角速度向量，$\dot{\theta}_i{}^{i}\boldsymbol{Z}_i=\begin{bmatrix}0 & 0 & \dot{\theta}_i\end{bmatrix}^{\mathrm{T}}$；

$\dot{d}_i{}^{i}\boldsymbol{Z}_i$——连杆 $i$ 相对于连杆 $i-1$ 移动的线速度向量，$\dot{d}_i{}^{i}\boldsymbol{Z}_i=\begin{bmatrix}0 & 0 & \dot{d}_i\end{bmatrix}^{\mathrm{T}}$；

$s_i$——关节识别符号：$s_i=1$ 为转动关节，$s_i=0$ 为移动关节；

${}^{i-1}\boldsymbol{P}_i$——坐标系{$i$}的原点在坐标系{$i-1$}中的位置。

由位姿变换矩阵${}^{i-1}\boldsymbol{T}_i(i=1,2,3,4,5)$得到各个旋转变换矩阵为：

$$
{}^{0}\boldsymbol{R}_1=\begin{bmatrix}1&0&0\\0&1&0\\0&0&1\end{bmatrix}
$$

$$
{}^{1}\boldsymbol{R}_2=\begin{bmatrix}c_2&-s_2&0\\s_2&c_2&0\\0&0&1\end{bmatrix}
$$

$$
{}^{2}\boldsymbol{R}_3=\begin{bmatrix}0&1&0\\0&0&1\\1&0&0\end{bmatrix}
$$

$$
{}^{3}\boldsymbol{R}_4=\begin{bmatrix}0&1&0\\0&0&1\\1&0&0\end{bmatrix}
$$

$$
{}^{4}\boldsymbol{R}_5=\begin{bmatrix}c_5&-s_5&0\\s_5&c_5&0\\0&0&1\end{bmatrix}
$$

$$
{}^{0}\boldsymbol{R}_5={}^{0}\boldsymbol{R}_1{}^{1}\boldsymbol{R}_2{}^{2}\boldsymbol{R}_3{}^{3}\boldsymbol{R}_4{}^{4}\boldsymbol{R}_5=\begin{bmatrix}-s_2c_5&s_2s_5&c_2\\c_2c_5&-c_2s_5&s_2\\s_5&c_5&0\end{bmatrix}\tag{2-36}
$$

根据齐次变换矩阵的定义，最后一列元素代表了相邻两连杆坐标系原点的相对位置，因此得到各原点的相对位置矢量为：

$$
{}^{0}\boldsymbol{P}_1=\begin{bmatrix}0\\0\\d_1\end{bmatrix}
$$

$$
{}^{1}\boldsymbol{P}_2=\begin{bmatrix}0\\0\\-L_1\end{bmatrix}
$$

$$
{}^{2}\boldsymbol{P}_3=\begin{bmatrix}0\\d_3\\0\end{bmatrix}
$$

$$
{}^{3}\boldsymbol{P}_4=\begin{bmatrix}0\\d_4\\0\end{bmatrix}
$$

$$^{4}\boldsymbol{P}_{5}=\begin{bmatrix}0\\0\\L_{2}\end{bmatrix} \tag{2-37}$$

应用公式(2-35),并将 $s_1=0$、$s_2=1$、$s_3=0$、$s_4=0$、$s_5=1$、$^{0}\boldsymbol{v}_0=0$,$^{0}\boldsymbol{\omega}_0=0$、$^{i}\boldsymbol{Z}_i=[0\quad 0\quad 1]^{\mathrm{T}}$ 代入其中,得到各杆角速度,线速度:

$$^{1}\boldsymbol{\omega}_1={}^{1}\boldsymbol{R}_0{}^{0}\boldsymbol{\omega}_0=[0\quad 0\quad 0]^{\mathrm{T}}$$

$$^{2}\boldsymbol{\omega}_2={}^{2}\boldsymbol{R}_1{}^{1}\boldsymbol{\omega}_1+s_2\dot{\theta}_2{}^{2}\boldsymbol{Z}_2=\left[0\quad 0\quad \dot{\theta}_2\right]^{\mathrm{T}}$$

$$^{3}\boldsymbol{\omega}_3={}^{3}\boldsymbol{R}_2{}^{2}\boldsymbol{\omega}_2=\left[\dot{\theta}_2\quad 0\quad 0\right]^{\mathrm{T}}$$

$$^{4}\boldsymbol{\omega}_4={}^{4}\boldsymbol{R}_3{}^{3}\boldsymbol{\omega}_3=\left[0\quad \dot{\theta}_2\quad 0\right]^{\mathrm{T}}$$

$$^{5}\boldsymbol{\omega}_5={}^{5}\boldsymbol{R}_4{}^{4}\boldsymbol{\omega}_4+s_5\dot{\theta}_5{}^{5}\boldsymbol{Z}_5=\left[s_5\dot{\theta}_2\quad c_5\dot{\theta}_2\quad \dot{\theta}_5\right]^{\mathrm{T}} \tag{2-38}$$

从而得到末端操作器相对于基坐标系的角速度:

$$^{0}\boldsymbol{\omega}_5={}^{0}\boldsymbol{R}_5{}^{5}\boldsymbol{\omega}_5=\left[c_2\dot{\theta}_5\quad s_2\dot{\theta}_5\quad \dot{\theta}_2\right]^{\mathrm{T}}$$

$$^{1}\boldsymbol{v}_1={}^{1}\boldsymbol{R}_0({}^{0}\boldsymbol{v}_0+{}^{0}\boldsymbol{\omega}_0\times{}^{0}\boldsymbol{P}_1)+\dot{d}_1{}^{1}\boldsymbol{Z}_1=\left[0\quad 0\quad \dot{d}_1\right]^{\mathrm{T}}$$

$$^{2}\boldsymbol{v}_2={}^{1}\boldsymbol{R}_2({}^{1}\boldsymbol{v}_1+{}^{1}\boldsymbol{\omega}_1\times{}^{1}\boldsymbol{P}_2)=\left[0\quad 0\quad \dot{d}_1\right]^{\mathrm{T}}$$

$$^{3}\boldsymbol{v}_3={}^{2}\boldsymbol{R}_3({}^{2}\boldsymbol{v}_2+{}^{2}\boldsymbol{\omega}_2\times{}^{2}\boldsymbol{P}_3)+\dot{d}_3{}^{3}\boldsymbol{Z}_3=\left[\dot{d}_1\quad -d_3\dot{\theta}_2\quad \dot{d}_3\right]^{\mathrm{T}}$$

$$^{4}\boldsymbol{v}_4={}^{4}\boldsymbol{R}_3({}^{3}\boldsymbol{v}_3+{}^{3}\boldsymbol{\omega}_3\times{}^{3}\boldsymbol{P}_4)+\dot{d}_4{}^{4}\boldsymbol{Z}_4=\left[\dot{d}_3+d_4\dot{\theta}_2\quad \dot{d}_1\quad -d_3\dot{\theta}_2+\dot{d}_4\right]^{\mathrm{T}}$$

$$^{5}\boldsymbol{v}_5={}^{5}\boldsymbol{R}_4({}^{4}\boldsymbol{v}_4+{}^{4}\boldsymbol{\omega}_4\times{}^{4}\boldsymbol{P}_5)=\begin{bmatrix}c_5\dot{d}_3+L_2\dot{\theta}_2c_5+d_4\dot{\theta}_2c_5+\dot{d}_1s_5\\-\dot{d}_3s_5-L_2\dot{\theta}_2s_5-d_4\dot{\theta}_2s_5+\dot{d}_1c_5\\-d_3\dot{\theta}_2+\dot{d}_4\end{bmatrix} \tag{2-39}$$

从而得到机械手末端操作器相对于基坐标系的线速度为:

$$^{0}\boldsymbol{v}_5={}^{0}\boldsymbol{R}_5{}^{5}\boldsymbol{v}_5=\begin{bmatrix}-(L_2+d_4)s_2\dot{\theta}_2-d_3c_2\dot{\theta}_2-\dot{d}_3s_2+\dot{d}_4c_2\\(L_2+d_4)c_2\dot{\theta}_2-d_3s_2\dot{\theta}_2+\dot{d}_3c_2+\dot{d}_4s_2\\\dot{d}_1\end{bmatrix} \tag{2-40}$$

综上所述,机械手末端操作器相对于基坐标系的速度为:

$$\boldsymbol{V}=\begin{bmatrix}{}^{0}\boldsymbol{v}_5\\ {}^{0}\boldsymbol{\omega}_5\end{bmatrix}=\begin{bmatrix}-(L_2+d_4)s_2\dot{\theta}_2-d_3c_2\dot{\theta}_2-\dot{d}_3s_2+\dot{d}_4c_2\\ (L_2+d_4)c_2\dot{\theta}_2-d_3s_2\dot{\theta}_2+\dot{d}_3c_2+\dot{d}_4s_2\\ \dot{d}_1\\ c_2\dot{\theta}_5\\ s_2\dot{\theta}_5\\ \dot{\theta}_2\end{bmatrix}\tag{2-41}$$

从式(2-34)和式(2-41)可以看出，用速度递推公式和用雅可比矩阵求解出来的机械手末端操作器的速度完全相同，说明上述两种方法的建立和推导过程正确。

## 2.8　机械手的动力学分析

机械手的动力学研究机械手运动与关节驱动力(力矩)间的关系。管道施工机械手原则上每个自由度都具有单独传动，但从控制观点来看，机械手系统是冗余的、多变量的和非线性的自动控制系统，也是个复杂的动力学耦合系统。因此研究机械手的动力学问题就是为了进一步讨论机械手的控制问题。下面以机械手的运动学分析为基础，采用牛顿-欧拉递推法分析机械手的动力学问题。

### 2.8.1　牛顿-欧拉动力学递推算法

由关节运动计算关节力矩的完整算法由两部分组成[67]。第一部分是对每个连杆应用牛顿-欧拉方程，从连杆 1 到连杆 $n$ 向外迭代计算连杆的速度和加速度。第二部分是从连杆 $n$ 到连杆 1 向内迭代计算连杆间的相互作用力以及关节驱动力矩，具体算法如下。

2.8.1.1　向外递推计算各个连杆的速度和加速度($i=0,1,2,3,4$)

角速度公式：

$$\boldsymbol{\omega}_{i+1}^{i+1}=\boldsymbol{R}_i^{i+1}\boldsymbol{\omega}_i^i+\dot{\theta}_{i+1}\boldsymbol{Z}_{i+1}^{i+1}\text{(转动关节)}$$
$$\boldsymbol{\omega}_{i+1}^{i+1}=\boldsymbol{R}_i^{i+1}\boldsymbol{\omega}_i^i\text{(移动关节)}$$

角加速度公式：

$$\dot{\boldsymbol{\omega}}_{i+1}^{i+1}=\boldsymbol{R}_i^{i+1}\dot{\boldsymbol{\omega}}_i^i+\boldsymbol{R}_i^{i+1}\boldsymbol{\omega}_i^i\times\dot{\theta}_{i+1}\boldsymbol{Z}_{i+1}^{i+1}+\ddot{\theta}_{i+1}\boldsymbol{Z}_{i+1}^{i+1}\text{(转动关节)}$$
$$\dot{\boldsymbol{\omega}}_{i+1}^{i+1}=\boldsymbol{R}_i^{i+1}\dot{\boldsymbol{\omega}}_i^i\text{(移动关节)}$$

线速度公式：

$$\boldsymbol{v}_{i+1}^{i+1}=\boldsymbol{R}_i^{i+1}(\boldsymbol{v}_i^i+\boldsymbol{\omega}_i^i\times\boldsymbol{p}_{i+1}^i)\text{（转动关节）}$$

$$\boldsymbol{v}_{i+1}^{i+1}=\boldsymbol{R}_i^{i+1}(\boldsymbol{v}_i^i+\boldsymbol{\omega}_i^i\times\boldsymbol{p}_{i+1}^i+\dot{d}_{i+1}\boldsymbol{Z}_{i+1}^{i+1})\text{（移动关节）}$$

线加速度公式：

$$\dot{\boldsymbol{v}}_{i+1}^{i+1}=\boldsymbol{R}_i^{i+1}[\dot{\boldsymbol{v}}_i^i+\dot{\boldsymbol{\omega}}_i^i\times\boldsymbol{p}_{i+1}^i+\boldsymbol{\omega}_i^i\times(\boldsymbol{\omega}_i^i\times\boldsymbol{p}_{i+1}^i)]\text{（转动关节）}$$

$$\dot{\boldsymbol{v}}_{i+1}^{i+1}=\boldsymbol{R}_i^{i+1}[\dot{\boldsymbol{v}}_i^i+\dot{\boldsymbol{\omega}}_i^i\times\boldsymbol{p}_{i+1}^i+\boldsymbol{\omega}_i^i\times(\boldsymbol{\omega}_i^i\times\boldsymbol{p}_{i+1}^i)]+2\boldsymbol{\omega}_{i+1}^{i+1}\times\dot{d}_{i+1}\boldsymbol{Z}_{i+1}^{i+1}+\ddot{d}_{i+1}\boldsymbol{Z}_{i+1}^{i+1}\text{（移动关节）}$$

质心的有关公式：

$$\dot{\boldsymbol{v}}_{ci+1}^{i+1}=\dot{\boldsymbol{v}}_{i+1}^{i+1}+\dot{\boldsymbol{\omega}}_{i+1}^{i+1}\times\boldsymbol{p}_{i+1}^i+\boldsymbol{\omega}_{i+1}^{i+1}\times(\boldsymbol{\omega}_{i+1}^{i+1}\times\boldsymbol{p}_{ci+1}^{i+1})$$

$$\boldsymbol{f}_{ci+1}^{i+1}=m_{i+1}\dot{\boldsymbol{v}}_{ci+1}^{i+1}$$

$$\boldsymbol{n}_{ci+1}^{i+1}=\boldsymbol{I}_{i+1}^{ci+1}\dot{\boldsymbol{\omega}}_{i+1}^{i+1}\boldsymbol{m}_{i+1}\dot{\boldsymbol{v}}_{ci+1}^{i+1}+\boldsymbol{\omega}_{i+1}^{i+1}\times(\boldsymbol{I}_{i+1}^{ci+1}\boldsymbol{\omega}_{i+1}^{i+1})$$

式中　$\boldsymbol{\omega}_{i+1}^{i+1}$——连杆 $i+1$ 在坐标系$\{i+1\}$中的角速度；

$\dot{\boldsymbol{\omega}}_{i+1}^{i+1}$——连杆 $i+1$ 在坐标系$\{i+1\}$中的角加速度；

$\boldsymbol{R}_i^{i+1}$——坐标系$\{i\}$相对坐标系$\{i+1\}$的旋转矩阵；

$\dot{\boldsymbol{v}}_{i+1}^{i+1}$——连杆 $i+1$ 在坐标系$\{i+1\}$中的线加速度；

$\dot{\boldsymbol{v}}_{ci+1}^{i+1}$——连杆 $i+1$ 的质心在坐标系$\{i+1\}$中的线加速度；

$\boldsymbol{p}_{ci+1}^{i+1}$——连杆 $i+1$ 的质心在坐标系$\{i+1\}$中的位置矢量；

$\boldsymbol{f}_{ci+1}^{i+1}$——作用在连杆 $i+1$ 上的惯性力；

$m_{i+1}$——连杆 $i+1$ 的质量；

$\boldsymbol{n}_{ci+1}^{i+1}$——作用在连杆 $i+1$ 上的惯性力矩；

$\boldsymbol{I}_{i+1}^{ci+1}$——连杆 $i+1$ 的惯性张量；

$\boldsymbol{p}_{i+1}^i$——坐标系$\{i+1\}$的原点相对于坐标系$\{i\}$的位置矢量。

2.8.1.2　向内递推计算力和力矩($i=5,4,3,2,1$)

$$\boldsymbol{f}_i^i=\boldsymbol{R}_{i+1}^i\boldsymbol{f}_{i+1}^{i+1}+\boldsymbol{f}_{ci}^i$$

$$\boldsymbol{n}_i^i=\boldsymbol{R}_{i+1}^i\boldsymbol{n}_{i+1}^{i+1}+\boldsymbol{n}_{ci}^i+\boldsymbol{p}_{ci}^i\times\boldsymbol{f}_{ci}^i+\boldsymbol{p}_{i+1}^i\times\boldsymbol{R}_{i+1}^i\boldsymbol{f}_{i+1}^{i+1}$$

$$\boldsymbol{\tau}_i=(\boldsymbol{n}_i^i)^{\mathrm{T}}\hat{\boldsymbol{Z}}_i^i\text{（转动关节）}$$

$$\boldsymbol{\tau}_i=(\boldsymbol{f}_i^i)^{\mathrm{T}}\hat{\boldsymbol{Z}}_i^i\text{（移动关节）}$$

式中　$\boldsymbol{f}_i^i$——连杆 $i-1$ 作用在连杆 $i$ 上的力；

$\boldsymbol{n}_i^i$——连杆 $i-1$ 作用在连杆 $i$ 上的力矩；

$\boldsymbol{\tau}_i$——关节 $i$ 的驱动力或驱动力矩。

### 2.8.2 机械手动力学分析

根据牛顿-欧拉方程，只要知道各连杆质量、惯性张量、质心矢量 $\boldsymbol{r}_{ci}^{i}$ 和旋转矩阵 $\boldsymbol{R}_{i}^{i+1}$，就可以直接求出实现任何运动所需的关节力和关节力矩。为了便于分析和计算，先对机械手模型做一些简化：假设各连杆的质量分别为 $m_1$、$m_2$、$m_3$、$m_4$、$m_5$，其中杆 5 的质量包含有混凝土管节的质量 $m$。

为简化计算，设杆 1、2、3、4 质量均为集中质量，杆 5 质量均布在长为 $l$、密度为 $\rho$、厚度为 $b=R-r$ 的圆筒上，则各杆的质心位置矢量为：

$$\boldsymbol{p}_{c1}^{1}=(0\quad 0\quad 0)^{\mathrm{T}}$$

$$\boldsymbol{p}_{c2}^{2}=(0\quad 0\quad 0)^{\mathrm{T}}$$

$$\boldsymbol{p}_{c3}^{3}=(0\quad 0\quad 0)^{\mathrm{T}}$$

$$\boldsymbol{p}_{c4}^{4}=(0\quad 0\quad 0)^{\mathrm{T}}$$

$$\boldsymbol{p}_{c5}^{5}=(0\quad 0\quad 0)^{\mathrm{T}}$$

由于杆 1、2、3、4 假设为集中质量，因此每个连杆质心的惯性张量为零矩阵：$\boldsymbol{I}_{1}^{c1}=0$；$\boldsymbol{I}_{2}^{c2}=0$；$\boldsymbol{I}_{3}^{c3}=0$；$\boldsymbol{I}_{4}^{c4}=0$。

现求解杆 5 的惯性张量。因为杆 5 的质心位置与坐标系原点位置重合，所以杆 5 的惯性张量中：

$$\boldsymbol{I}_{xy}=\boldsymbol{I}_{xz}=\boldsymbol{I}_{yz}=0$$

$$\boldsymbol{I}_{xx}=\iiint_{v}(y^2+z^2)\rho\mathrm{d}v=\int_{-l/2}^{l/2}\int_{-(R-r)}^{R-r}\int_{-(R-r)}^{R-r}(y^2+z^2)\rho\mathrm{d}x\mathrm{d}y\mathrm{d}z=\frac{8}{3}\rho l b^4$$

$$\boldsymbol{I}_{yy}=\iiint_{v}(x^2+z^2)\rho\mathrm{d}v=\int_{-(R-r)}^{R-r}\int_{-(R-r)}^{R-r}\int_{-l/2}^{l/2}(x^2+z^2)\rho\mathrm{d}x\mathrm{d}y\mathrm{d}z=\frac{1}{3}b^2l^3\rho+\frac{4}{3}b^4l\rho$$

$$\boldsymbol{I}_{zz}=\iiint_{v}(x^2+y^2)\rho\mathrm{d}v=\int_{-(R-r)}^{R-r}\int_{-(R-r)}^{R-r}\int_{-l/2}^{l/2}(x^2+y^2)\rho\mathrm{d}x\mathrm{d}y\mathrm{d}z=\frac{1}{3}b^2l^3\rho+\frac{4}{3}b^4l\rho$$

则：

$$\boldsymbol{I}_{5}^{c5}=\begin{bmatrix}\frac{8}{3}b^4l\rho & 0 & 0\\ 0 & \frac{1}{3}b^2l^3\rho+\frac{4}{3}b^4l\rho & 0\\ 0 & 0 & \frac{1}{3}b^2l^3\rho+\frac{4}{3}b^4l\rho\end{bmatrix}$$

末端执行器上没有作用力，因而有：$f_5=0$；$n_5=0$。

机械手基础不旋转运动，因此有：$\omega_0=0$；$\dot{\omega}_0=0$。

包括重力因素，有：$\dot{\boldsymbol{v}}_0^0=g\hat{\boldsymbol{Z}}_0^0$。

各个连杆的旋转矩阵如下：

$$\boldsymbol{R}_0^1=\begin{bmatrix}1 & 0 & 0\\0 & 1 & 0\\0 & 0 & 1\end{bmatrix}$$

$$\boldsymbol{R}_1^2=\begin{bmatrix}c_2 & s_2 & 0\\-s_2 & c_2 & 0\\0 & 0 & \end{bmatrix}$$

$$\boldsymbol{R}_2^3=\begin{bmatrix}0 & 0 & 1\\1 & 0 & 0\\0 & 1 & 0\end{bmatrix}$$

$$\boldsymbol{R}_3^4=\begin{bmatrix}0 & 0 & 1\\1 & 0 & 0\\0 & 1 & 0\end{bmatrix}$$

$$\boldsymbol{R}_4^5=\begin{bmatrix}c_5 & s_5 & 0\\-s_5 & c_5 & 0\\0 & 0 & 1\end{bmatrix}$$

应用牛顿-欧拉动力学递推算法求解机械手的动力学方程如下。

2.8.2.1　向外递推计算各杆的速度和加速度($i=0,1,2,3,4$)

第一步：

$i=0$(移动关节)

$$\boldsymbol{\omega}_1^1=\boldsymbol{R}_0^1\boldsymbol{\omega}_0^0=[0\quad 0\quad 0]^{\mathrm{T}}$$

$$\dot{\boldsymbol{\omega}}_1^1=\boldsymbol{R}_0^1\dot{\boldsymbol{\omega}}_0^0=[0\quad 0\quad 0]^{\mathrm{T}}$$

$$\boldsymbol{v}_1^1=\boldsymbol{R}_0^1(\boldsymbol{v}_0^0+\boldsymbol{\omega}_0^0\times\boldsymbol{p}_1^0)+\dot{d}_1\hat{\boldsymbol{Z}}_1^1=[0\quad 0\quad \dot{d}_1]^{\mathrm{T}}$$

$$\dot{\boldsymbol{v}}_1^1=\boldsymbol{R}_0^1[\dot{\boldsymbol{v}}_0^0+\dot{\boldsymbol{\omega}}_0^0\times\boldsymbol{p}_1^0+\boldsymbol{\omega}_0^0\times(\boldsymbol{\omega}_0^0\times\boldsymbol{p}_1^0)]+2\boldsymbol{\omega}_1^1\times\dot{d}_1\hat{\boldsymbol{Z}}_1^1+\ddot{d}_1\hat{\boldsymbol{Z}}_1^1$$

$$=[0\quad 0\quad g+\ddot{d}_1]^{\mathrm{T}}$$

$$\dot{\boldsymbol{v}}_{c1}^1=\dot{\boldsymbol{v}}_1^1+\dot{\boldsymbol{\omega}}_1^1\times\boldsymbol{p}_{c1}^1+\boldsymbol{\omega}_1^1\times(\boldsymbol{\omega}_1^1\times\boldsymbol{p}_{c1}^1)=[0\quad 0\quad g+\ddot{d}_1]^{\mathrm{T}}$$

$$\dot{\boldsymbol{f}}_{c1}^1=m_1\dot{\boldsymbol{v}}_{c1}^1=[0\quad 0\quad m(g+\ddot{d}_1)]^{\mathrm{T}}$$

$$\boldsymbol{n}_{c1}^{1}=\boldsymbol{I}_{1}^{c1}\dot{\boldsymbol{\omega}}_{1}^{1}+\boldsymbol{\omega}_{1}^{1}\times(\boldsymbol{I}_{1}^{c1}\boldsymbol{\omega}_{1}^{1})=[0\quad 0\quad 0]^{\mathrm{T}}$$

第二步：

$i=1$(转动关节)

$$\boldsymbol{\omega}_{2}^{2}=\boldsymbol{R}_{1}^{2}\boldsymbol{\omega}_{1}^{1}+\dot{\theta}_{2}\hat{\boldsymbol{Z}}_{2}^{2}=[0\quad 0\quad \dot{\theta}_{2}]^{\mathrm{T}}$$

$$\dot{\boldsymbol{\omega}}_{2}^{2}=\boldsymbol{R}_{1}^{2}\dot{\boldsymbol{\omega}}_{1}^{1}+\boldsymbol{R}_{1}^{2}\boldsymbol{\omega}_{1}^{1}\times\dot{\theta}_{2}\hat{\boldsymbol{Z}}_{2}^{2}+\ddot{\theta}_{2}\hat{\boldsymbol{Z}}_{2}^{2}=[0\quad 0\quad \ddot{\theta}_{2}]^{\mathrm{T}}$$

$$\boldsymbol{v}_{2}^{2}=\boldsymbol{R}_{1}^{2}(\boldsymbol{v}_{1}^{1}+\boldsymbol{\omega}_{1}^{1}\times\boldsymbol{p}_{2}^{1})=[0\quad 0\quad \dot{d}_{1}]^{\mathrm{T}};$$

$$\dot{\boldsymbol{v}}_{2}^{2}=\boldsymbol{R}_{1}^{2}[\dot{\boldsymbol{v}}_{1}^{1}+\dot{\boldsymbol{\omega}}_{1}^{1}\times\boldsymbol{p}_{2}^{1}+\boldsymbol{\omega}_{1}^{1}\times(\boldsymbol{\omega}_{1}^{1}\times\boldsymbol{p}_{2}^{1})]=[0\quad 0\quad g+\ddot{d}_{1}]^{\mathrm{T}}$$

$$\dot{\boldsymbol{v}}_{c2}^{2}=\dot{\boldsymbol{v}}_{2}^{2}+\dot{\boldsymbol{\omega}}_{2}^{2}\times\boldsymbol{p}_{c2}^{2}+\boldsymbol{\omega}_{2}^{2}\times(\boldsymbol{\omega}_{2}^{2}\times\boldsymbol{p}_{c2}^{2})=[0\quad 0\quad g+\ddot{d}_{1}]^{\mathrm{T}}$$

$$\boldsymbol{f}_{c2}^{2}=m_{2}\dot{\boldsymbol{v}}_{c2}^{2}=[0\quad 0\quad m_{2}(g+\ddot{d}_{1})]^{\mathrm{T}}$$

$$\boldsymbol{n}_{c2}^{2}=\boldsymbol{I}_{2}^{c2}\dot{\boldsymbol{\omega}}_{2}^{2}+\boldsymbol{\omega}_{2}^{2}\times(\boldsymbol{I}_{2}^{c2}\boldsymbol{\omega}_{2}^{2})=[0\quad 0\quad 0]^{\mathrm{T}}$$

第三步：

$i=2$(移动关节)

$$\boldsymbol{\omega}_{3}^{3}=\boldsymbol{R}_{2}^{3}\boldsymbol{\omega}_{2}^{2}=[\dot{\theta}_{2}\quad 0\quad 0]^{\mathrm{T}}$$

$$\dot{\boldsymbol{\omega}}_{3}^{3}=\boldsymbol{R}_{2}^{3}\dot{\boldsymbol{\omega}}_{2}^{2}=[\ddot{\theta}_{2}\quad 0\quad 0]^{\mathrm{T}}$$

$$\boldsymbol{v}_{3}^{3}=\boldsymbol{R}_{2}^{3}(\boldsymbol{v}_{2}^{2}+\boldsymbol{\omega}_{2}^{2}\times\boldsymbol{p}_{3}^{2})+\dot{d}_{3}\hat{\boldsymbol{Z}}_{3}^{3}=[\dot{d}_{1}\quad -d_{3}\dot{\theta}_{2}\quad \dot{d}_{3}]^{\mathrm{T}}$$

$$\begin{aligned}\dot{\boldsymbol{v}}_{3}^{3}&=\boldsymbol{R}_{2}^{3}[\dot{\boldsymbol{v}}_{2}^{2}+\dot{\boldsymbol{\omega}}_{2}^{2}\times\boldsymbol{p}_{3}^{2}+\boldsymbol{\omega}_{2}^{2}\times(\boldsymbol{\omega}_{2}^{2}\times\boldsymbol{p}_{3}^{2})]+2\boldsymbol{\omega}_{3}^{3}\times\dot{d}_{3}\hat{\boldsymbol{Z}}_{3}^{3}+\ddot{d}_{3}\hat{\boldsymbol{Z}}_{3}^{3}\\&=[g+\ddot{d}_{1}\quad -d_{3}\ddot{\theta}_{2}-2\dot{d}_{3}\dot{\theta}_{2}\quad d_{3}+\ddot{d}_{3}]^{\mathrm{T}}\end{aligned}$$

$$\dot{\boldsymbol{v}}_{c3}^{3}=\dot{\boldsymbol{v}}_{3}^{3}+\dot{\boldsymbol{\omega}}_{3}^{3}\times\boldsymbol{p}_{c3}^{3}+\boldsymbol{\omega}_{3}^{3}\times(\boldsymbol{\omega}_{3}^{3}\times\boldsymbol{p}_{c3}^{3})=\begin{bmatrix}g+\ddot{d}_{1}\\-d_{3}\ddot{\theta}_{2}-2\dot{d}_{3}\dot{\theta}_{2}\\d_{3}\dot{\theta}_{2}^{2}+\ddot{d}_{3}\end{bmatrix}$$

$$\boldsymbol{f}_{c3}^{3}=m_{3}\dot{\boldsymbol{v}}_{c3}^{3}=\begin{bmatrix}m_{3}(g+\ddot{d}_{1})\\-m_{3}(d_{3}\ddot{\theta}_{2}+2\dot{d}_{3}\dot{\theta}_{2})\\m_{3}(d_{3}\dot{\theta}_{2}^{2}+\ddot{d}_{3})\end{bmatrix}$$

$$\boldsymbol{n}_{c3}^{3}=\boldsymbol{I}_{3}^{c3}\dot{\boldsymbol{\omega}}_{3}^{3}+\boldsymbol{\omega}_{3}^{3}\times(\boldsymbol{I}_{3}^{c3}\boldsymbol{\omega}_{3}^{3})=[0\quad 0\quad 0]^{\mathrm{T}}$$

第四步：

$i=3$(移动关节)

$$\boldsymbol{\omega}_4^4=\boldsymbol{R}_3^4\boldsymbol{\omega}_3^3=[0\quad \dot{\theta}_2\quad 0]^{\mathrm{T}}$$

$$\dot{\boldsymbol{\omega}}_4^4=\boldsymbol{R}_3^4\dot{\boldsymbol{\omega}}_3^3=[0\quad \ddot{\theta}_2\quad 0]^{\mathrm{T}}$$

$$\boldsymbol{v}_4^4=\boldsymbol{R}_3^4(\boldsymbol{v}_3^3+\boldsymbol{\omega}_3^3\times\boldsymbol{p}_4^3)+\dot{d}_4\hat{\boldsymbol{Z}}_4^4=[\dot{d}_3\quad \dot{d}_1\quad -d_3\dot{\theta}_2+\dot{d}_4]^{\mathrm{T}}$$

$$\dot{\boldsymbol{v}}_4^4=\boldsymbol{R}_3^4[\dot{\boldsymbol{v}}_3^3+\dot{\boldsymbol{\omega}}_3^3\times\boldsymbol{p}_4^3+\boldsymbol{\omega}_3^3\times(\boldsymbol{\omega}_3^3\times\boldsymbol{p}_4^3)]+2\boldsymbol{\omega}_4^4\times\dot{d}_4\hat{\boldsymbol{Z}}_4^4+\ddot{d}_4\hat{\boldsymbol{Z}}_4^4$$

$$=\begin{bmatrix} d_3\dot{\theta}_2^2+\ddot{d}_3+2\dot{d}_4\dot{\theta}_2 \\ g+\ddot{d}_1 \\ -d_3\ddot{\theta}_2-2\dot{d}_3\dot{\theta}_2+\ddot{d}_4 \end{bmatrix}$$

$$\dot{\boldsymbol{v}}_{c4}^4=\dot{\boldsymbol{v}}_4^4+\dot{\boldsymbol{\omega}}_4^4\times\boldsymbol{p}_{c4}^4+\boldsymbol{\omega}_4^4(\boldsymbol{\omega}_4^4\times\boldsymbol{p}_{c4}^4)=\begin{bmatrix} d_4\dot{\theta}_2^2+\ddot{d}_3+2\dot{d}_4\dot{\theta}_2 \\ g+\ddot{d}_1 \\ -d_3\ddot{\theta}_2-2\dot{d}_3\dot{\theta}_2+\ddot{d}_4 \end{bmatrix}$$

$$\boldsymbol{f}_{c4}^4=m_4\dot{\boldsymbol{v}}_{c4}^4=\begin{bmatrix} m_4(d_4\dot{\theta}_2^2+\ddot{d}_3+2\dot{d}_4\dot{\theta}_2) \\ m_4(g+\ddot{d}_1) \\ m_4(-d_3\ddot{\theta}_2-2\dot{d}_3\dot{\theta}_2+\ddot{d}_4) \end{bmatrix}$$

$$\boldsymbol{n}_{c4}^4=\boldsymbol{I}_4^{c4}\dot{\boldsymbol{\omega}}_4^4+\boldsymbol{\omega}_4^4\times(\boldsymbol{I}_4^{c4}\boldsymbol{\omega}_4^4)=[0\quad 0\quad 0]^{\mathrm{T}}$$

第五步：

$i=4$(转动关节)

$$\boldsymbol{\omega}_5^5=\boldsymbol{R}_4^5\boldsymbol{\omega}_4^4+\dot{\theta}_5\hat{\boldsymbol{Z}}_5^5=[\dot{\theta}_2 s_5\quad \dot{\theta}_2 c_5\quad \dot{\theta}_5]^{\mathrm{T}}$$

$$\dot{\boldsymbol{\omega}}_5^5=\boldsymbol{R}_4^5\dot{\boldsymbol{\omega}}_4^4+\boldsymbol{R}_4^5\boldsymbol{\omega}_4^4\times\dot{\theta}_5\hat{\boldsymbol{Z}}_5^5+\ddot{\theta}_5\hat{\boldsymbol{Z}}_5^5=\begin{bmatrix} \ddot{\theta}_2 s_5+\dot{\theta}_2\dot{\theta}_5 c_5 \\ \ddot{\theta}_2 c_5-\dot{\theta}_2\dot{\theta}_5 s_5 \\ \ddot{\theta}_5 \end{bmatrix}$$

$$\boldsymbol{v}_5^5=\boldsymbol{R}_4^5(\boldsymbol{v}_4^4+\boldsymbol{\omega}_4^4\times\boldsymbol{p}_4^5)=\begin{bmatrix} c_5\dot{d}_3+c_5 l_2\dot{\theta}_2+s_5\dot{d}_1 \\ -s_5\dot{d}_3-s_5 l_2\dot{\theta}_2+c_5\dot{d}_1 \\ -d_3\dot{\theta}_2+\dot{d}_4 \end{bmatrix}$$

$$\dot{\boldsymbol{v}}_5^5=\boldsymbol{R}_4^5[\dot{\boldsymbol{v}}_4^4+\dot{\boldsymbol{\omega}}_4^4\times\boldsymbol{p}_5^4+\boldsymbol{\omega}_4^4\times(\boldsymbol{\omega}_4^4\times\boldsymbol{p}_5^4)]$$

$$=\begin{bmatrix}(d_3\dot{\theta}_2^2+2\dot{d}_4\dot{\theta}_2+l_2\ddot{\theta}_2+\ddot{d}_3)c_5+(g+\ddot{d}_1)s_5\\-(d_3\dot{\theta}_2^2+2\dot{d}_4\dot{\theta}_2+l_2\ddot{\theta}_2+\ddot{d}_3)s_5+(g+\ddot{d}_1)c_5\\-l_2\dot{\theta}_2^2-2\dot{d}_3\dot{\theta}_2-d_3\ddot{\theta}_2+\ddot{d}_4\end{bmatrix}$$

$$\dot{\boldsymbol{v}}_{c5}^5=\dot{\boldsymbol{v}}_5^5+\dot{\boldsymbol{\omega}}_5^5\times\boldsymbol{p}_{c5}^5+\boldsymbol{\omega}_5^5\times(\boldsymbol{\omega}_5^5\times\boldsymbol{p}_{c5}^5)$$

$$=\begin{bmatrix}(d_3\dot{\theta}_2^2+2\dot{d}_4\dot{\theta}_2+l_2\ddot{\theta}_2+\ddot{d}_3)c_5+(g+\ddot{d}_1)s_5\\-(d_3\dot{\theta}_2^2+2\dot{d}_4\dot{\theta}_2+l_2\ddot{\theta}_2+\ddot{d}_3)s_5+(g+\ddot{d}_1)c_5\\-l_2\dot{\theta}_2^2-2\dot{d}_3\dot{\theta}_2-d_3\ddot{\theta}_2+\ddot{d}_4\end{bmatrix}$$

$$\boldsymbol{f}_{c5}^5=m_5\dot{\boldsymbol{v}}_{c5}^5=\begin{bmatrix}(d_3\dot{\theta}_2^2+2\dot{d}_4\dot{\theta}_2+l_2\ddot{\theta}_2+\ddot{d}_3)m_5c_5+(g+\ddot{d}_1)m_5s_5\\-(d_3\dot{\theta}_2^2+2\dot{d}_4\dot{\theta}_2+l_2\ddot{\theta}_2+\ddot{d}_3)m_5s_5+(g+\ddot{d}_1)m_5c_5\\(-l_2\dot{\theta}_2^2-2\dot{d}_3\dot{\theta}_2-d_3\ddot{\theta}_2+\ddot{d}_4)m_5\end{bmatrix}$$

$$\boldsymbol{n}_{c5}^5=\boldsymbol{I}_5^{c5}\dot{\boldsymbol{\omega}}_5^5+\boldsymbol{\omega}_5^5\times(\boldsymbol{I}_5^{c5}\boldsymbol{\omega}_5^5)$$

$$=\begin{bmatrix}\frac{8}{3}b^4l\rho s_5\ddot{\theta}_2+\frac{8}{3}b^4l\rho c_5\dot{\theta}_2\dot{\theta}_5\\(\frac{1}{3}b^2l^3\rho+\frac{4}{3}b^4l\rho)c_5\ddot{\theta}_2-\frac{2}{3}b^2l^3\rho s_5\dot{\theta}_2\dot{\theta}_5\\(\frac{1}{3}b^2l^3\rho-\frac{4}{3}b^4l\rho)s_5c_5\dot{\theta}_2^2+(\frac{1}{3}b^2l^3\rho+\frac{4}{3}b^4l\rho)\ddot{\theta}_5\end{bmatrix}$$

#### 2.8.2.2　向内递推计算各杆的力和力矩($i=5,4,3,2,1$)

第一步：

$i=5$(转动关节)

$$\boldsymbol{f}_5^5=\boldsymbol{f}_{c5}^5=\begin{bmatrix}(d_3\dot{\theta}_2^2+2\dot{d}_4\dot{\theta}_2+l_2\ddot{\theta}_2+\ddot{d}_3)m_5c_5+(g+\ddot{d}_1)m_5s_5\\-(d_3\dot{\theta}_2^2+2\dot{d}_4\dot{\theta}_2+l_2\ddot{\theta}_2+\ddot{d}_3)m_5s_5+(g+\ddot{d}_1)m_5c_5\\(-l_2\dot{\theta}_2^2-2\dot{d}_3\dot{\theta}_2-d_3\ddot{\theta}_2+\ddot{d}_4)m_5\end{bmatrix}$$

$$\boldsymbol{n}_5^5 = \boldsymbol{n}_{c5}^5 + \boldsymbol{p}_{c5}^5 \times \boldsymbol{f}_{c5}^5 = \begin{bmatrix} \frac{8}{3}b^4 l\rho s_5 \ddot{\theta}_2 + \frac{8}{3}b^4 l\rho c_5 \dot{\theta}_2 \dot{\theta}_5 \\ (\frac{1}{3}b^2 l^3 \rho + \frac{4}{3}b^4 l\rho)c_5 \ddot{\theta}_2 - \frac{2}{3}b^2 l^3 \rho s_5 \dot{\theta}_2 \dot{\theta}_5 \\ (\frac{1}{3}b^2 l^3 \rho - \frac{4}{3}b^4 l\rho)s_5 c_5 \dot{\theta}_2^2 + (\frac{1}{3}b^2 l^3 \rho + \frac{4}{3}b^4 l\rho)\ddot{\theta}_5 \end{bmatrix}$$

$$\tau_5 = \boldsymbol{n}_5^5 \hat{\boldsymbol{Z}}_5^5 = (\frac{1}{3}b^2 l^3 \rho - \frac{4}{3}b^4 l\rho)s_5 c_5 \dot{\theta}_2^2 + (\frac{1}{3}b^2 l^3 \rho + \frac{4}{3}b^4 l\rho)\ddot{\theta}_5$$

第二步：

$i=4$(移动关节)

$$\boldsymbol{f}_4^4 = \boldsymbol{R}_5^4 \boldsymbol{f}_5^5 + \boldsymbol{f}_{c4}^4$$

$$= \begin{bmatrix} l_2 m_5 \ddot{\theta}_2 + (d_3 m_5 + d_4 m_4)\dot{\theta}_2^2 + 2(m_4 + m_5)\dot{d}_4 \dot{\theta}_2 + \ddot{d}_3(m_4 + m_5) \\ \ddot{d}_1(m_4 + m_5) + g(m_4 + m_5) \\ -d_3(m_4 + m_5)\ddot{\theta}_2 - l_2 m_5 \dot{\theta}_2^2 - 2\dot{d}_3(m_4 + m_5)\dot{\theta}_2 + (m_4 + m_5)\ddot{d}_4 \end{bmatrix}$$

$$\boldsymbol{n}_4^4 = \boldsymbol{R}_5^4 \boldsymbol{n}_5^5 + \boldsymbol{n}_{c4}^4 + \boldsymbol{p}_{c4}^4 \times \boldsymbol{f}_{c4}^4 + \boldsymbol{p}_5^4 \times \boldsymbol{R}_5^4 \boldsymbol{f}_5^5$$

$$= \begin{bmatrix} (\frac{4}{3}b^4 l\rho - \frac{1}{3}b^2 l^3 \rho)s_5 c_5 \ddot{\theta}_2 + (\frac{8}{3}b^4 l\rho c_5^2 + \frac{2}{3}b^2 l^3 \rho s_5^2)\dot{\theta}_2 \dot{\theta}_5 - l_2 m_5 \ddot{d}_1 - g l_2 m_5 \\ (\frac{4}{3}b^4 l\rho s_5^2 + \frac{1}{3}b^2 l^3 \rho c_5^2 + \frac{4}{3}b^4 l\rho + l_2^2 m_5)\ddot{\theta}_2 + d_3 l_2 m_5 \dot{\theta}_2^2 + 2\dot{d}_4 l_2 m_5 \dot{\theta}_2 + \\ (\frac{8}{3}b^4 l\rho - \frac{2}{3}b^2 l^3 \rho)s_5 c_5 \dot{\theta}_2 \dot{\theta}_5 + l_2 m_5 \ddot{d}_3 \\ (\frac{1}{3}b^2 l^3 \rho - \frac{4}{3}b^4 l\rho)s_5 c_5 \dot{\theta}_2^2 + (\frac{1}{3}b^2 l^3 \rho + \frac{4}{3}b^4 l\rho)\ddot{\theta}_5 \end{bmatrix}$$

$$\tau_4 = \boldsymbol{f}_4^4 \hat{\boldsymbol{Z}}_4^4 = -d_3(m_4 + m_5)\ddot{\theta}_2 - l_2 m_5 \dot{\theta}_2^2 - 2(m_4 + m_5)\dot{d}_3 \dot{\theta}_2 + (m_4 + m_5)\ddot{d}_4$$

第三步：

$i=3$(移动关节)

$$\boldsymbol{f}_3^3 = \boldsymbol{R}_4^3 \boldsymbol{f}_4^4 + \boldsymbol{f}_{c3}^3$$

$$= \begin{bmatrix} (m_3 + m_4 + m_5)\ddot{d}_1 + (m_3 + m_4 + m_5)g \\ -(m_3 + m_4 + m_5)d_3 \ddot{\theta}_2 - l_2 m_5 \dot{\theta}_2^2 - 2(m_3 + m_4 + m_5)\dot{d}_3 \dot{\theta}_2 + (m_4 + m_5)\ddot{d}_4 \\ l_2 m_5 \ddot{\theta}_2 + (m_3 d_3 + m_5 d_3 + m_4 d_4)\dot{\theta}_2^2 + 2(m_4 + m_5)\dot{d}_4 \dot{\theta}_2 + (m_3 + m_4 + m_5)\ddot{d}_3 \end{bmatrix}$$

$$\boldsymbol{n}_3^3 = \boldsymbol{R}_4^3 \boldsymbol{n}_4^4 + \boldsymbol{n}_{c3}^3 + \boldsymbol{p}_{c3}^3 \times \boldsymbol{f}_{c3}^3 + \boldsymbol{p}_4^3 \times \boldsymbol{R}_4^3 \boldsymbol{f}_4^4$$

$$=\begin{bmatrix}(\frac{4}{3}b^4l\rho s_5^2+\frac{1}{3}b^2l^3\rho c_5^2+\frac{4}{3}b^4l\rho+l_2^2m_5)\ddot{\theta}_2+l_2m_5d_3\dot{\theta}_2^2+2l_2m_5\dot{d}_4\dot{\theta}_2+\\(\frac{8}{3}b^4l\rho-\frac{2}{3}b^2l^3\rho)s_5c_5\dot{\theta}_2\dot{\theta}_5+l_2m_5\ddot{d}_3\\(\frac{1}{3}b^2l^3\rho-\frac{4}{3}b^4l\rho)s_5c_5\dot{\theta}_2^2+(\frac{1}{3}b^2l^3\rho+\frac{4}{3}b^4l\rho)\ddot{\theta}_5\\(\frac{4}{3}b^4l\rho-\frac{1}{3}b^2l^3\rho)s_5c_5\ddot{\theta}_2+(\frac{8}{3}b^4l\rho c_5^2+\frac{2}{3}b^2l^3\rho s_5^2)\dot{\theta}_2\dot{\theta}_5-l_2m_5\ddot{d}_1-gl_2m_5\end{bmatrix}$$

$$\tau_3=\boldsymbol{f}_3^3\hat{\boldsymbol{Z}}_3^3$$

$$=l_2m_5\ddot{\theta}_2+(m_3d_3+m_5d_3+m_4d_4)\dot{\theta}_2^2+2(m_4+m_5)\dot{d}_4\dot{\theta}_2+(m_3+m_4+m_5)\ddot{d}_3$$

第四步：

$i=2$(转动关节)

$$\boldsymbol{f}_2^2=\boldsymbol{R}_3^2\boldsymbol{f}_3^3+\boldsymbol{f}_{c2}^2$$

$$=\begin{bmatrix}-(m_3+m_4+m_5)d_3\ddot{\theta}_2-l_2m_5\dot{\theta}_2^2-2(m_3+m_4+m_5)\dot{d}_3\dot{\theta}_2+(m_4+m_5)\ddot{d}_4\\l_2m_5\ddot{\theta}_2+(m_3d_3+m_5d_5+m_4d_4)\dot{\theta}_2^2+2(m_4+m_5)\dot{d}_4\dot{\theta}_2+(m_3+m_4+m_5)\ddot{d}_3\\(m_2+m_3+m_4+m_5)\ddot{d}_1+(m_2+m_3+m_4+m_5)g\end{bmatrix}$$

$$\boldsymbol{n}_2^2=\boldsymbol{R}_3^2\boldsymbol{n}_3^3+\boldsymbol{n}_{c2}^2+\boldsymbol{p}_{c2}^2\times\boldsymbol{f}_{c2}^2+\boldsymbol{p}_3^2\times\boldsymbol{R}_3^2\boldsymbol{f}_3^3$$

$$=\begin{bmatrix}(\frac{1}{3}b^2l^3\rho-\frac{4}{3}b^4l\rho)s_5c_5\dot{\theta}_2^2+(\frac{1}{3}b^2l^3\rho+\frac{4}{3}b^4l\rho)\ddot{\theta}_5+(m_3+m_4+m_5)\ddot{d}_1d_3+\\(m_3+m_4+m_5)d_3g\\(\frac{4}{3}b^4l\rho-\frac{1}{3}b^2l^3\rho)s_5c_5\ddot{\theta}_2+(\frac{8}{3}b^4l\rho c_5^2+\frac{2}{3}b^2l^3\rho s_5^2)\dot{\theta}_2\dot{\theta}_5-l_2m_5\ddot{d}_1-l_2m_5g\\[(\frac{4}{3}b^4l\rho s_5^2+\frac{1}{3}b^2l^3\rho c_5^2+\frac{4}{3}b^4l\rho+l_2^2m^5)+(m_3+m_4+m_5)d_3^2]\ddot{\theta}_2+[2l_2m_5\dot{d}_4+\\2(m_3+m_4+m_5)d_3\dot{d}_3]\dot{\theta}_2+2l_2m_5d_3\dot{\theta}_2^2+(\frac{8}{3}b^4l\rho-\frac{2}{3}b^2l^3\rho)s_5c_5\dot{\theta}_2\dot{\theta}_5+l_2m_5\ddot{d}_3-\\(m_4+m_5)d_3\ddot{d}_4\end{bmatrix}$$

$$\tau_2=\boldsymbol{n}_2^2\hat{\boldsymbol{Z}}_2^2$$

$$=[(\frac{4}{3}b^4l\rho s_5^2+\frac{1}{3}b^2l^3\rho c_5^2+\frac{4}{3}b^4l\rho+l_2^2m^5)+(m_3+m_4+m_5)d_3^2]\ddot{\theta}_2+$$

$$[2l_2m_5\dot{d}_4+2(m_3+m_4+m_5)d_3\dot{d}_3]\dot{\theta}_2+2l_2m_5d_3\dot{\theta}_2^2+(\frac{8}{3}b^4l\rho-\frac{2}{3}b^2l^3\rho)\cdot$$

$s_5c_5\dot{\theta}_2\dot{\theta}_5+l_2m_5\ddot{d}_3-(m_4+m_5)d_3\ddot{d}_4$

第五步：

$i=1$(移动关节)

$$\boldsymbol{f}_1^1=\boldsymbol{R}_2^1\boldsymbol{f}_2^2+\boldsymbol{f}_{c1}^1$$

$$=\begin{bmatrix} -(m_3+m_4+m_5)c_2d_3\ddot{\theta}_2-l_2m_5c_2\dot{\theta}_2^2-2(m_3+m_4+m_5)c_2\dot{d}_3\dot{\theta}_2+ \\ (m_4+m_5)c_2\ddot{d}_4-l_2m_5s_2\ddot{\theta}_2-(m_3d_3+m_5d_3+m_4d_4)s_2\dot{\theta}_2^2- \\ 2(m_4+m_5)s_2\dot{d}_4\dot{\theta}_2-(m_3+m_4+m_5)s_2\ddot{d}_3 \\ -(m_3+m_4+m_5)s_2d_3\ddot{\theta}-l_2m_5s_2\dot{\theta}_2^2-2(m_3+m_4+m_5)s_2\dot{d}_3\dot{\theta}_2\cdot \\ (m_4+m_5)s_2\ddot{d}_4+l_2m_5c_2\ddot{\theta}_2+(m_3d_3+m_5d_3+m_4d_4)c_2\dot{\theta}_2^2+ \\ 2(m_4+m_5)c_2\dot{d}_4\dot{\theta}_2+(m_3+m_4+m_5)c_2\ddot{d}_3 \\ (m_1+m_2+m_3+m_4+m_5)\ddot{d}_1+(m_1+m_2+m_3+m_4+m_5)g \end{bmatrix}$$

$$\boldsymbol{n}_1^1=\boldsymbol{R}_2^1\boldsymbol{n}_2^2+\boldsymbol{n}_{c1}^1+\boldsymbol{p}_{c1}^1\times\boldsymbol{f}_{c1}^1+\boldsymbol{p}_2^1\times\boldsymbol{R}_2^1\boldsymbol{f}_2^2$$

$$=\begin{bmatrix} [-(m_3+m_4+m_5)c_2d_3-l_2m_5s_2-(\frac{4}{3}b^4l\rho-\frac{1}{3}b^2l^3\rho)s_2s_5c_5]\ddot{\theta}_2+ \\ (\frac{1}{3}b^2l^3\rho+\frac{4}{3}b^4l\rho)c_2\ddot{\theta}_5+[-l_2m_5c_2-(m_3d_3+m_5d_3+m_4d_4)s_2+ \\ (\frac{1}{3}b^2l^3\rho-\frac{4}{3}b^4l\rho)c_2s_5c_5]\dot{\theta}_2^2-(\frac{8}{3}b^4l\rho c_5^2+\frac{2}{3}b^2l^3\rho s_5^2)s_2\dot{\theta}_2\dot{\theta}_5+ \\ [-2(m_3+m_4+m_5)c_2\dot{d}_3-2(m_4+m_5)s_2\dot{d}_4]\dot{\theta}_2+[(m_3+m_4+m_5)c_2d_3+l_2m_5s_2]\ddot{d}_1- \\ (m_3+m_4+m_5)s_2\ddot{d}_3+(m_4+m_5)c_2\ddot{d}_4+(m_3+m_4+m_5)c_2d_3g+l_2m_5s_2g \\ [-(m_3+m_4+m_5)s_2d_3+l_2m_5c_2+(\frac{4}{3}b^4l\rho-\frac{1}{3}b^2l^3\rho)c_2s_5c_5]\ddot{\theta}_2+ \\ (\frac{1}{3}b^2l^3\rho+\frac{4}{3}b^4l\rho)s_2\ddot{\theta}_5+[-l_2m_5s_2+(m_3d_3+m_5d_3+m_4d_4)c_2+ \\ (\frac{1}{3}b^2l^3\rho-\frac{4}{3}b^4l\rho)s_2s_5c_5]\dot{\theta}_2^2+(\frac{8}{3}b^4l\rho c_5^2+\frac{2}{3}b^2l^3\rho s_5^2)c_2\dot{\theta}_2\dot{\theta}_5+ \\ [-2(m_3+m_4+m_5)s_2\dot{d}_3+2(m_4+m_5)c_2\dot{d}_4]\dot{\theta}_2+[(m_3+m_4+m_5)s_2d_3-l_2m_5c_2]\ddot{d}_1+ \\ (m_3+m_4+m_5)c_2\ddot{d}_3+(m_4+m_5)s_2\ddot{d}_4+(m_3+m_4+m_5)s_2d_3g-l_2m_5c_2g \\ (m_2+m_3+m_4+m_5)\ddot{d}_1+(m_2+m_3+m_4+m_5)g \end{bmatrix}$$

$$\tau_1 = \boldsymbol{f}_1^1 \hat{\boldsymbol{Z}}_1^1 = (m_2 + m_3 + m_4 + m_5)\ddot{d}_1 + (m_2 + m_3 + m_4 + m_5)g$$

综上所述，得到机械手的关节力矩：

$$\tau_1 = (m_2 + m_3 + m_4 + m_5)\ddot{d}_1 + (m_2 + m_3 + m_4 + m_5)g$$

$$\tau_2 = [(\frac{4}{3}b^4 l\rho s_5^2 + \frac{1}{3}b^2 l^3 \rho c_5^2 + \frac{4}{3}b^4 l\rho + l_2^2 m^5) + (m_3 + m_4 + m_5)d_3^2]\ddot{\theta}_2 +$$
$$[2l_2 m_5 \dot{d}_4 + 2(m_3 + m_4 + m_5)d_3\dot{d}_3]\dot{\theta}_2 + 2l_2 m_5 d_3 \dot{\theta}_2^2 + (\frac{8}{3}b^4 l\rho - \frac{2}{3}b^2 l^3 \rho) \cdot$$
$$s_5 c_5 \dot{\theta}_2 \dot{\theta}_5 + l_2 m_5 \ddot{d}_3 - (m_4 + m_5)d_3 \ddot{d}_4$$

$$\tau_3 = l_2 m_5 \ddot{\theta}_2 + (m_3 + m_5)d_3\dot{\theta}_2^2 + m_4 d_4 \dot{\theta}_2 + 2(m_4 + m_5)\dot{d}_4\dot{\theta}_2 + (m_3 + m_4 +$$
$$m_5)\ddot{d}_3$$

$$\tau_4 = -d_3(m_4 + m_5)\ddot{\theta}_2 - l_2 m_5 \dot{\theta}_2^2 - 2(m_4 + m_5)\dot{d}_3\dot{\theta}_2 + (m_4 + m_5)\ddot{d}_4$$

$$\tau_5 = (\frac{1}{3}b^2 l^3 \rho - \frac{4}{3}b^4 l\rho)s_5 c_5 \dot{\theta}_2^2 + (\frac{1}{3}b^2 l^3 \rho + \frac{4}{3}b^4 l\rho)\ddot{\theta}_5 \tag{2-42}$$

公式(2-42)给出了机械手各关节驱动力矩和各个关节变量之间的关系，此动力学方程为机械手的自动控制提供了基本的控制参数。

## 2.9　本章小结

本章根据机械手在铺设管道过程中位姿调整与管道对接所需的自由度参数研究分析了机械手的工作原理，设计出了具有自锁功能的叉式提升机构，为第 3 章机械手虚拟样机模型提供了建模参数；研究分析了叉式提升机构提起管道后压板作用在管道上的压紧力，给出了压紧力的计算公式与校核公式；通过分析得出压紧力与管道自重成正比、与卡手回收力成反比的结论，同时管道的长度、直径与壁厚对卡紧力的大小也有影响，并对机械手进行了运动学与动力学分析，为第 5 章的机械手控制策略研究奠定了基础。

# 第3章 管道施工机械手虚拟样机建模与仿真实验

## 3.1 引言

虚拟样机技术是20世纪80年代随着计算机技术的发展而迅速发展起来的计算机辅助工程技术，它涉及系统动力学，计算方法与软件工程等学科。虚拟样机技术主要利用软件建立机械系统的三维实体模型和力学模型，在此基础上，分析和评判机械系统的性能，从而为物理样机的设计和制造提供参数依据。借助于该项技术，工程师可以利用计算机建立机械系统的三维可视化模型，在系统的设计初级阶段就可以对整个系统进行完整的分析，从外观、功能和行为上模拟真实产品，模拟系统在实际环境下的运动特性，并根据仿真结果优化设计[68-71]。

机械工程中的虚拟样机技术又称为机械系统动态仿真技术，是一门多学科综合技术。该技术以机械系统运动学、动力学和控制理论等为核心，加上成熟的三维计算机图形技术和基于图形的用户界面技术，将分散的零部件设计和分析计算集成在一起，提供了一个全新的研发机械系统产品的设计方法[72]。

虚拟样机技术在美国、德国、日本等工业发达国家已经广泛应用于汽车制造业、工程机械、航空航天业、国防工业等领域，所涉及的产品从庞大的工程机械、航天用火箭到照相机。针对各种产品，虚拟样机技术为用户缩短了产品开发周期，降低了产品成本，为用户提供了满意的设计方案。当前我国虚拟样机技术也已经得到广泛的应用，其应用重点是基于产品的三维虚拟设计、加工过程仿真和产品的装配仿真[73]。随着对其研究的不断深入和相关技术的发展，虚拟样机技术必将得到日益广泛的应用。本书采用 Adams(Automatic Dynamic Analysis of Mechanical Systems)，即机械系统动力学自动分析软件对管道施工机械手进行建模与分析。

## 3.2　管道施工机械手虚拟样机建模

根据前一章的分析提供的设计参数，建立机械手的虚拟样机模型。因为机械手模型比较复杂，不适合在 Adams 中直接建模。本书应用 Solidworks 三维建模软件和 Adams 联合建模，利用 Solidworks 与 Adams 软件之间的接口，将 Solidworks 中的机械手三维模型导入 Adams 中建立机械手的虚拟样机。

### 3.2.1　模型简化

对于一个复杂的机械系统，通常要建立数百个甚至更多的三维实体零件的模型，这些零部件在装配完成后，要根据运动关系和研究目的简化为由数个刚体组成的刚体模型。一个刚体可能仅包含一个零件，也可能包括数十个甚至上百个零部件，这就需要把准备定义为一个刚体的多个零件进行简化，使其合并为一个零件，这样就使得各个零件之间的关系变得简洁明了[74]。实际上如果一个刚体对应的零部件数目很少的情况下，采用这种方法是可行的，但是对于大多数工程实际问题，该种方法存在一些缺点：

① 需要对零件库进行拷贝，这样一方面造成资源的浪费，另一方面如果刚体定义不合适，更改的余地不大。

② 对于实际工程系统，合并的可操作性很差。在 Solidworks 下进行装配时的各零部件的参照关系均基于各个零部件的集合特征。通常采用合并操作时不希望合并后的各个零部件空间装配关系发生改变。但是合并操作一旦执行，装配关系就会发生混乱，使得一些零部件在计算机处理时有丢失现象发生。

③ 合并零部件的方法会使虚拟样机丧失许多重要标志位置，而这些标志处的位移、速度等动力学特性可能是我们关注的地方。

因而，在虚拟样机模型处理过程中最好不要采用合并零部件的方法，而是使用直接指定的方法来定义包括数百个零部件的刚体，这样就可以避免上述弊端的出现。

### 3.2.2　检测装配模型

由于 Solidworks 建模可能存在一个问题，按照装配图纸将零部件进行机械的拼装，完成的装配不一定符合仿真的要求，这样将模型导入 Adams 中就会给虚拟样机带来一些问题，如：装配关系存在问题，零部件的尺寸单位不一致等等。

所以需要对已完成的 Solidworks 模型进行装配检查，主要检查以下几个方面[75]：

① 机构的拓扑关系变化是否在装配图上体现出来；

② 装配中是否有干涉；

③ 检查各个零部件的密度等信息；

④ 对机械系统中对称零部件的质量几何特征进行检查对比。

要想获得精确的仿真模型，就要对 Solidworks 建立的装配模型进行检查和简化处理，这样才能使虚拟样机与机械系统的实际结构保持一致。

### 3.2.3 转换模型

Solidworks 与 Adams 共同支持三种图形交换格式：STEP 格式、IGES 格式和 Parasolid 格式[76]，本书采用的 Parasolid 格式。它是美国 EDS（Electronic Data Systems，电子数据系统）公司开发的几何造型核心系统，Solidworks 与 Adams 均采用其为几何核心。

Parasolid 几何核心系统可提供精确的几何边界表达，能够在以它为几何核心的系统之间可靠的传递几何拓扑信息（包括点、边界、片、面、壳体、区域、体），并且 Parasolid 还具有容错造型技术，它可以根据情况对不配合的公差进行优化，并能在优化后保持处理的联系性和一致性，这样就可以通过自带的 xmt_txt 文件利用 Parasolid 实现数据的无缝传送，避免了使用 STEP 格式和 IGES 格式传送数据时发生数据丢失和可靠性差等问题。利用 Parasolid 格式导入 Adams/View 的机械手模型与 Solidworks 中的模型相比，缺失了机械手的约束信息、零件的材料信息、零件的质量和零件的名称，这些信息可以很容易在 Adams/View 中修改。

将 Solidworks 中的机械手模型导入 Adams/View 中，具体步骤如下：

① 在 Solidworks 的 File 的下拉菜单中，选择另存为，选择保存类型为 Parasolid 格式，点击保存。这里需要特别注意文件名不能出现中文。

② 打开 Adams/View，在 File 的下拉菜单中选择 Import，弹出 File Import 对话框，然后选择导入文件的格式为 Parasolid 格式，选择文件保存的位置和导入图形的界面名称，然后点击 ok，模型即被导入。

### 3.2.4 工作环境和模型的设置

① 设置单位和重力：在 Adams/View 的 Setting 下拉菜单中分别选择 Units 和 Gravity，设置度量单位需要和导入前的单位统一。

② 修改部件颜色和名称：由于 Adams 自动把 Ground 设置为 Part1，其余的自动设置成以 Part 为首的按序号排列的部件，为了便于区别需要将各个零件重新命名为方便使用的名称。重新命名时，只需要将鼠标放在零件上，右击，在下拉菜单中选择 Rename 即可。

为了使仿真时便于观察各个部件之间的相对运动，要将不同的构件设置成不同的颜色。修改颜色时，用鼠标右键单击部件，选取 Select 选择部件，然后在主工具箱中点击相应的颜色选项即可。

③ 修改部件质量：在图形界面中直接右键单击要修改的部件，选择Modify，然后会弹出 Modify Body 对话框，可以通过将 Difine Mass By 项设置成 Geometry and Material Type、Geometry and Density 和 User Import 3 种方法来定义部件的质量。

### 3.2.5 施加约束

① 施加固定约束：根据机械手的实际工作状态，机械手需要固定在挖掘机的铲斗上，所以把机械手的回转套与地面之间施加固定约束，然后将其他相对不运动的部件固定在一起。在主工具箱中，选择固定约束图标，然后选择要固定的部件和固定点，完成固定约束的设置。

② 施加转动副：根据机械手的实际运动形式，需要在油缸的铰接处和转轴处施加转动副。在运动副的主工具箱中选择转动副图标，然后选择需要连接的两个构件，选择施加约束的位置和方向，完成转动副的施加。

③ 施加移动副：因为活塞杆和油缸之间的运动为相对移动，所以需要在 4 个油缸和活塞处施加移动副。同前面的约束副施加方法一样，在运动副工具箱中选择移动副，选择要连接的构件，然后选择施加约束的位置和方向。

④ 施加高副：因为导轮在导轨上需要滚动，所以需要在二者之间施加高副约束。首先在运动副工具箱中选择高副，然后在导轨上划出两条平行线，选择施加约束的位置和方向即可完成高副约束。

### 3.2.6 施加驱动

为了使仿真更接近于机械手的实际工作状态，需要对机械手的 4 个油缸添加驱动。在工具栏中单击滑移驱动按钮，然后在图形区点选油缸处创建的移动副，就可以创建一个常值驱动函数，但是这并不能满足液压缸驱动的要求，需要进行修改。在驱动图标上点击鼠标右键，在弹出的菜单中选择 Motion：Modify

后，弹出编辑驱动的对话框，在 Function 后的输入框中输入驱动函数，驱动函数采用 IF 函数，定义如下：

IF(time-10:0,0,(time-10) * 25/0.5)-IF(time-10.5:0,0,(time-10.5) * 25/0.5)-IF(time-12:0,0,(time-12) * 25/0.5)＋IF(time-12.5:0,0,(time-12.5) * 25/0.5)-IF(time-14:0,0,(time-14) * 25/0.5)＋IF(time-14.5:0,0,(time-14.5) * 25/0.5)＋IF(time-17.5:0,0,(time-17.5) * 25/0.5)-IF(time-18:0,0,(time-18) * 25/0.5)＋IF(time-20:0,0,(time-20) * 25/0.5)-IF(time-20.5:0,0,(time-20.5) * 25/0.5)-IF(time-23.5:0,0,(time-23.5) * 25/0.5)＋IF(time-24:0,0,(time-24) * 25/0.5)；

IF(time-10:0,0,(time-10) * 40/0.5)-IF(time-10.5:0,0,(time-10.5) * 40/0.5)-IF(time-12.5:0,0,(time-12.5) * 40/0.5)＋IF(time-13:0,0,(time-13) * 40/0.5)-IF(time-15:0,0,(time-15) * 40/0.5)＋IF(time-15.5:0,0,(time-15.5) * 40/0.5)＋IF(time-19.5:0,0,(time-19.5) * 40/0.5)-IF(time-20:0,0,(time-20) * 40/0.5)＋IF(time-23:0,0,(time-23) * 40/0.5)-IF(time-23.5:0,0,(time-23.5) * 40/0.5)-IF(time-27.5:0,0,(time-27.5) * 40/0.5)＋IF(time-28:0,0,(time-28) * 40/0.5)；

IF(time-10:0,0,(time-10) * 40/0.5)-IF(time-10.5:0,0,(time-10.5) * 40/0.5)-IF(time-13.5:0,0,(time-13.5) * 40/0.5)＋IF(time-14:0,0,(time-14) * 40/0.5)-IF(time-17:0,0,(time-17) * 40/0.5)＋IF(time-17.5:0,0,(time-17.5) * 40/0.5)＋IF(time-22.5:0,0,(time-22.5) * 40/0.5)-IF(time-23:0,0,(time-23) * 40/0.5)＋IF(time-26:0,0,(time-26) * 40/0.5)-IF(time-26.5:0,0,(time-26.5) * 40/0.5)-IF(time-31.5:0,0,(time-31.5) * 40/0.5)＋IF(time-32:0,0,(time-32) * 40/0.5)；

-IF(time-10:0,0,(time-10) * 31/0.5)＋IF(time-10.5:0,0,(time-10.5) * 31/0.5)＋IF(time-12.45:0,0,(time-12.45) * 31/0.5)-IF(time-12.95:0,0,(time-12.95) * 31/0.5)＋IF(time-15:0,0,(time-15) * 31/0.5)-IF(time-15.5:0,0,(time-15.5) * 31/0.5)-IF(time-18:0,0,(time-18) * 31/0.5)＋IF(time-18.5:0,0,(time-18.5) * 31/0.5)-IF(time-20.5:0,0,(time-20.5) * 31/0.5)＋IF(time-21:0,0,(time-21) * 31/0.5)＋IF(time-23.5:0,0,(time-23.5) * 31/0.5)-IF(time-24:0,0,(time-24) * 31/0.5)

建好仿真模型后，选择 Tool 下拉菜单中的 Model Verify，以确认模型的正确性及自由度，虚拟样机模型如图 3-1 所示。

图 3-1　管道施工机械手虚拟样机

## 3.3　虚拟样机建模的关键问题

### 3.3.1　滚动导轮冗余约束的处理

滚动导轮在液压缸的推动下沿着十字导轨滚动，导轨采用工字钢焊接而成，表面有 9°的倾角，导轮和导轨之间为高副约束。以上导轨为例，对导轮和导轨的约束建模分析如下：

在 Adams 中，导轮和导轨之间应该用点、线副约束。该约束副约束两个构件之间的 1 个平动自由度，保留 2 个平动自由度和 3 个旋转自由度。理想状态下，4 个导轮应该用 4 个点、线副约束在导轨的两条平行直线上。但由于制造、安装误差等因素影响，使得 4 个导轮不能安装在同一个平面上，若采用上述方法建模，则出现冗余约束，机构被锁死。为此本书采用以下方法解决(图 3-2)：上导轨一侧的两个导轮与导轨之间用点、线副约束，在另一侧的两个导轮之间建一个过渡轴，该轴无质量，所以不影响仿真结果。过渡轴两端与导轨点、线副约束，质心与导轮架圆柱副约束。下导轨的导轮采用同样方法处理。

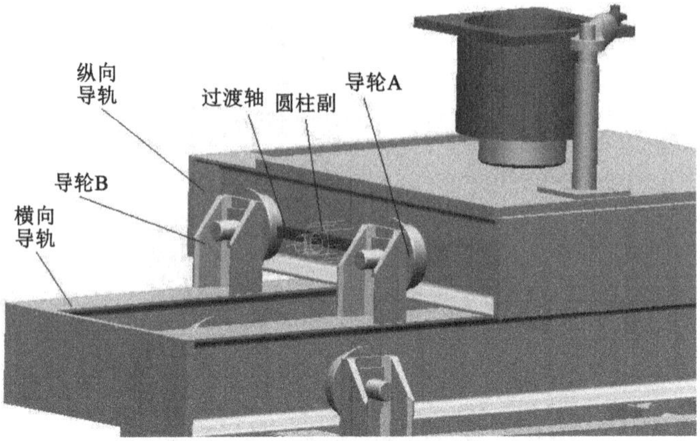


图 3-2　滚动导轮冗余约束的处理

对导轨模型受力分析如下(只考虑重力):

图 3-3 所示,A、B 和 C、D 分别为同侧 2 个导轮,其中 A、B 用过渡轴连接。根据模型的约束关系,设导轮承重为 $G$,得到如下关系:

$$F_C \cdot L_2 + F_D L_2 - F_E L_1 = 0 \tag{3-1}$$

$$F_C + F_D + F_E = G \tag{3-2}$$

$$F_C = F_D \tag{3-3}$$

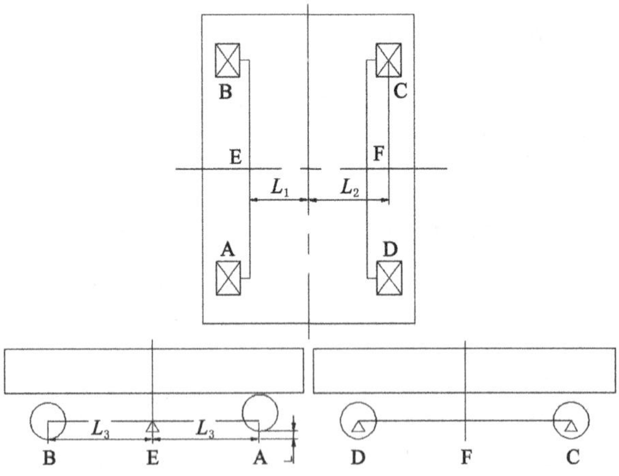


图 3-3　滚动导轮的受力分析

根据以上公式得到：

$$F_C = F_D = \frac{L_1}{2(L_1 + L_2)}G \tag{3-4}$$

$$F_E = \frac{L_2}{L_1 + L_2}G \tag{3-5}$$

当 A、B 不在一个平面内时，对过渡轴而言，力 $F_E$ 对 B 产生力矩，因为 E 为旋转副约束，不能承受力矩，则 $G$ 会下落，直到 A 接触轨道。当 A 接触轨道后，A、B、E 力矩平衡，得到：

$$F_A \cdot 2L_3 = F_B \cdot 2L_3 = F_E L_3 \tag{3-6}$$

$$F_A = F_B = \frac{F_E}{2} \tag{3-7}$$

式中，$F_A$、$F_B$、$F_C$、$F_D$、$F_E$ 分别为导轨对应点处的受力。

图 3-4 为 4 个导轮在机械手 1 个工作循环中(即机械手的 4 个驱动油缸全部完成一个工作循环)的受力变化。高副 9、10 分别为约束导轮 A 和 B 的运动副，高副 11、12 为约束另一侧导轮 C、D 的运动副(图 3-2)。从图 3-4 可以看出，导轮 A、B 与导轮 C、D 的受力变化总是相反的，这是由机械手的结构造成的。因为机械手夹持管道沿横向导轨(图 3-2)移动时，管道的重心是在不断偏移的，这就造成纵向导轨一侧受力在增加，而另一侧受力在减小。仿真到 20 s 左右，受力出现负值是由于模型中 E 的圆柱副受力方向发生了变化而造成的。仿真结果与上述导轮的受力分析大体一致，之所以有偏差是因为分析中只考虑了重力，而模型仿真时还有其他如运动副的摩擦力油缸的推力等作用力。且在仿真过程中随着机械手的位姿调整，重心位置将发生变化，所以两侧导轮受力也发生变化。

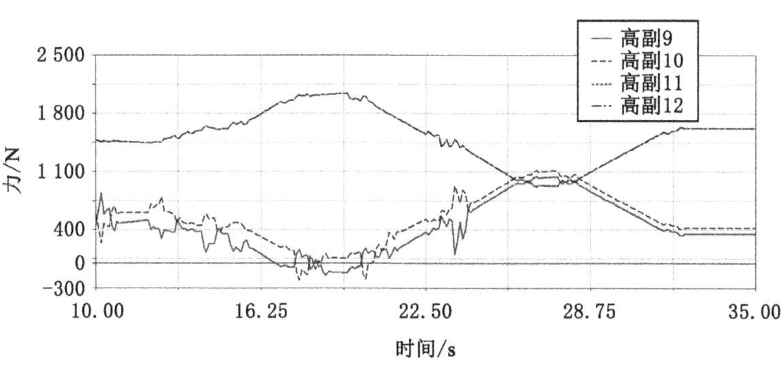


图 3-4　滚动导轮的受力

### 3.3.2 机械手刚柔混合建模

当机械手握持重达半吨的管道进行管道的铺设对接时，部分刚性杆件会发生变形，在做机械手的动力学仿真分析时若不考虑变形，其结果会有很大的误差。为了能够准确描述实际工况，虚拟样机采用刚柔混合建模的方式。

机械手由液压驱动，虚拟样机建模时，若铰接油缸和活塞杆的销轴为刚性体，则销轴与油缸和活塞杆之间只能用球铰副约束，活塞与油缸之间用圆柱副约束才可行，如图 3-5 所示，否则机构处于过约束状态，无法运动。这也说明了系统采用刚柔混合建模的必要性。为此，本书把销轴以及其他一些杆件设置成柔性体。

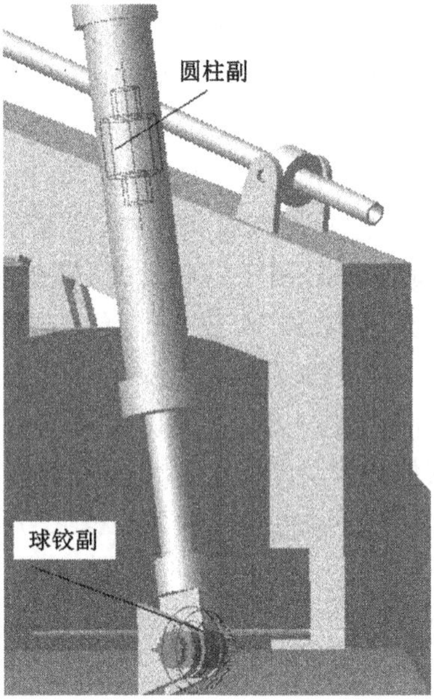


图 3-5　油缸的约束副

图 3-6 为有限元分析软件建立的柔性销轴，利用其与 Adams 的接口将柔性销轴导入 Adams 中替代原来的刚性体。图 3-7 和图 3-8 为柔性销轴在仿真到 101 步，即受力最大时其应力和应变的云图。从应力和应变云图上可以看到，最大应力和最大应变的位置都位于柔性销轴与耳板的连接处，既柔性销轴的硬点处，这与实际情况是相符的。

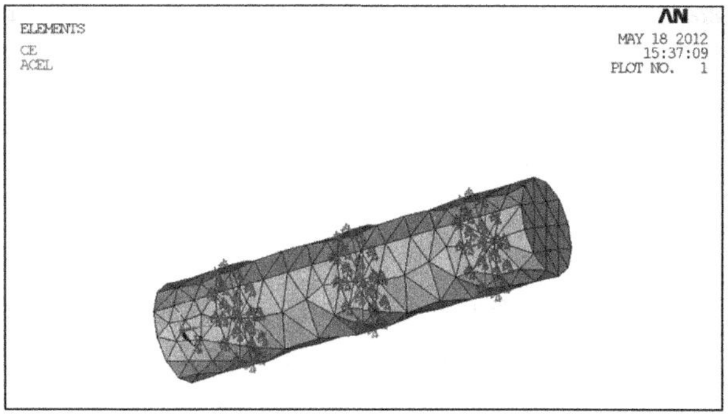


图 3-6　柔性销轴

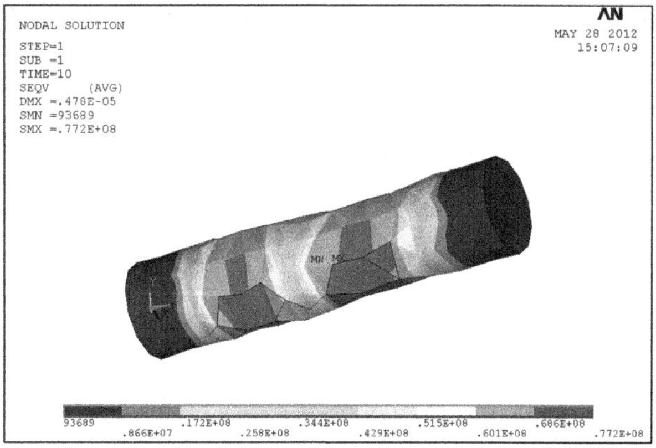


图 3-7　销轴应力云图

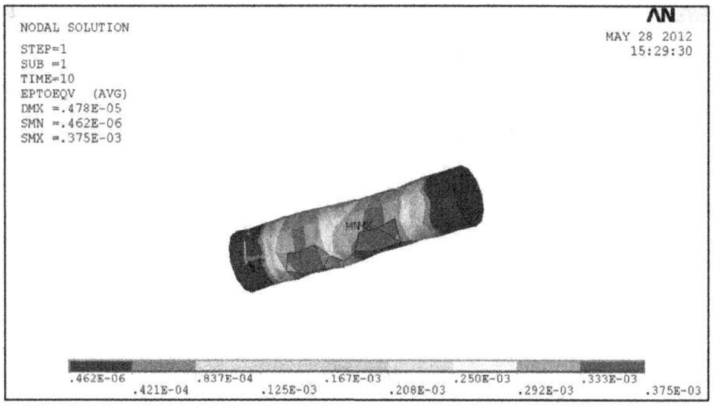


图 3-8　销轴应变云图

### 3.3.3 滚动摩擦力模型

建立虚拟样机时，运动副的摩擦力直接影响到模型的精度。在 Adams 中建立好运动副后，能方便地为运动副添加摩擦力和摩擦力矩，其大小由用户输入的参数决定，并且大小是固定的。显然该种方法只适用于简单的且摩擦力大小不变或变化很小的模型，对于复杂的模型是不适用的。文献[77]介绍了一种采用三次多项式逼近海维赛阶梯函数定义摩擦力函数的方法实现了摩擦力的连续变化，但该方法只能近似逼近摩擦力，无法连续精确计算摩擦力的大小。

机械手在对接管道过程中，导轮需要在导轨上不断滚动。滚动轴承内、外圈与滚动体之间，导轮与导轨之间，以及各运动副都存在摩擦力。为了使虚拟样机的仿真过程准确描述机械手的实际工况，在虚拟样机模型中则必须添加摩擦力。由于机械手在对接管道过程中位姿在不断调整，且有冲击和振动，摩擦力是时刻变化的，故本书采用施加额外力来等效摩擦力的方法。

导轮与导轨用点、线副约束，其受力关系如图 3-9 所示。

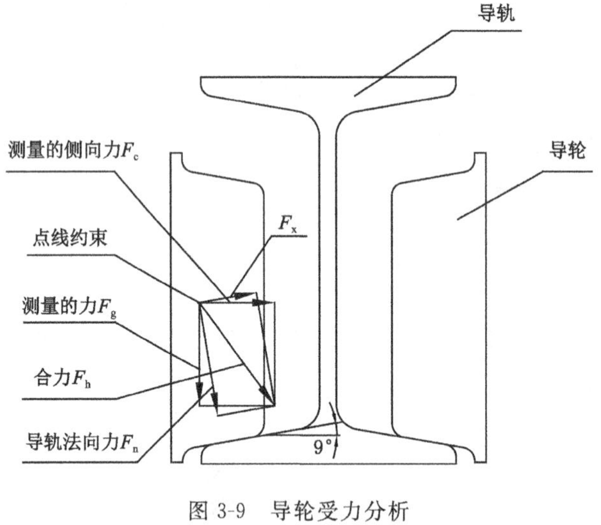


图 3-9　导轮受力分析

通过 Adams 的测量工具可以测出点、线约束副处的力 $F_g$ 和 $F_c$，则合力：

$$F_h=(F_g^2+F_c^2)\frac{1}{2} \tag{3-8}$$

将合力 $F_h$ 分解到导轨的法向面和切向面上，得到：

$$F_n = F_h \cos\left(\arccos\frac{F_g}{F_h} - 9^\circ\right) \tag{3-9}$$

$$F_x = F_n \tan\left(\arccos\frac{F_g}{F_h} - 9^\circ\right) \tag{3-10}$$

导轮在导轨上滚动时，其受到的阻力矩为：

$$M = F_n f d_1/2 + F_n f d_2/2 \tag{3-11}$$

切向阻力：

$$F = 2M/d_2 \tag{3-12}$$

式中　$f$——摩擦系数；

$d_1$——滚动轴承直径，mm；

$d_2$——导轮直径，mm。

因为分力 $F_g$ 在机械手工作过程中是时刻变化的，所以切向阻力 $F$ 也是时刻变化的，这就要求施加在导轮上的切向阻力不能是一定值，本书根据公式(3-8)～公式(3-12)采用 IF 函数方式定义切向阻力 $F$ 如下：

IF(.MPRO_model.MOTION_5_MEA_3-0:(ABS( SQRT( .MPRO_model.PTCV_6_MEA_4 * .MPRO_model.PTCV_6_MEA_4+.MPRO_model.PTCV_6_MEA_5 * .MPRO_model.PTCV_6_MEA_5) * SIN(ATAN(.MPRO_model.PTCV_6_MEA_4/.MPRO_model.PTCV_6_MEA_5)+9)) * 0.02 * 50/2+ABS( SQRT( .MPRO_model.PTCV_6_MEA_4 * .MPRO_model.PTCV_6_MEA_4+.MPRO_model.PTCV_6_MEA_5 * .MPRO_model.PTCV_6_MEA_5) * SIN(ATAN( .MPRO_model.PTCV_6_MEA_4/.MPRO_model.PTCV_6_MEA_5)+9)) * 0.02 * 150/2)/150 * 2,0,-(ABS( SQRT( .MPRO_model.PTCV_6_MEA_4 * .MPRO_model.PTCV_6_MEA_4+.MPRO_model.PTCV_6_MEA_5 * .MPRO_model.PTCV_6_MEA_5) * SIN( ATAN(.MPRO_model.PTCV_6_MEA_4/.MPRO_model.PTCV_6_MEA_5)+9)) * 0.02 * 50/2+ABS( SQRT( .MPRO_model.PTCV_6_MEA_4 * .MPRO_model.PTCV_6_MEA_4+.MPRO_model.PTCV_6_MEA_5 * .MPRO_model.PTCV_6_MEA_5) * SIN( ATAN( .MPRO_model.PTCV_6_MEA_4/.MPRO_model.PTCV_6_MEA_5)+9)) * .02 * 150/2)/150 * 2 )

图 3-10 为通过测量得到的机械手在一个工作循环过程中施加在某个导轮上的切向阻力，从图上可以看出，其大小与方向是连续变化的。其他导轮和运动副处的摩擦力采用同样的方法处理。

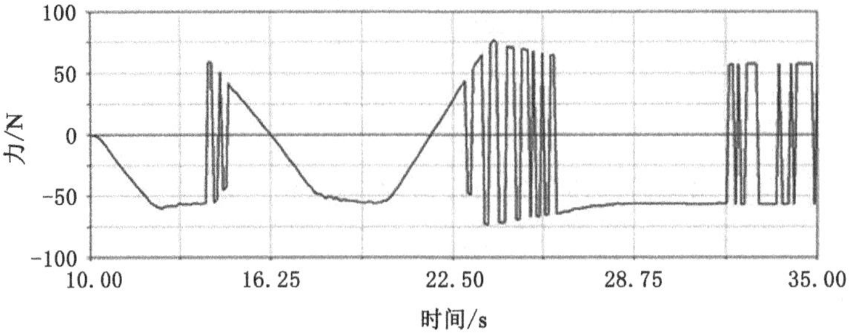


图 3-10　导轮的切向阻力 $F$

### 3.3.4 模型的验证

经过上述方法处理之后，需要对机械手的虚拟样机模型进行验证是否合理和有效。Adams 中自带有检测工具，可以检测出机构的自由度及各个部件的约束情况，虚拟样机模型的验证结果如图 3-11 所示。

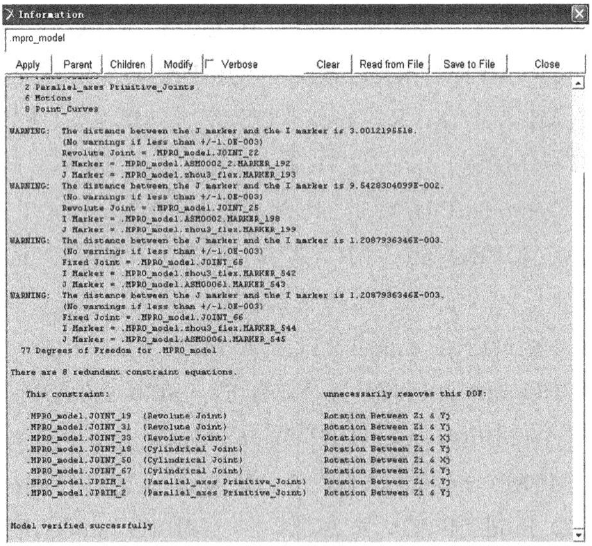


图 3-11　虚拟样机模型验证结果

从图 3-11 可以看出所建立的机械手虚拟样机模型结构复杂、构件多，与实际机械手结构相仿，机构检测没有出现干涉的现象，该虚拟样机模型的成功建立为下面讨论的动力学分析奠定了基础。

# 3.4　管道施工机械手动力学仿真与实验

## 3.4.1　动力学仿真

经过上述方法处理后，机械手虚拟样机则与实际机构高度仿真。按照液压驱动系统泵、阀等的系统参数设置 4 个液压缸的驱动，驱动采用 IF 函数，如图 3-12～图 3-15 所示。设置驱动前 10 s 为 0，让系统做静平衡计算，按液压系统流量设定活塞杆速度，加速时间为 0.5 s。

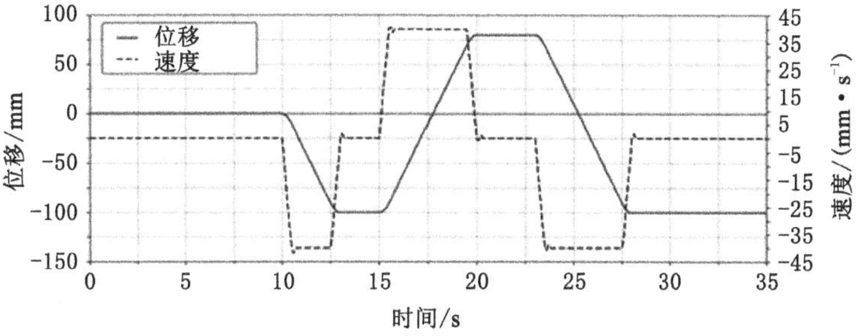


图 3-12　液压缸 1 驱动

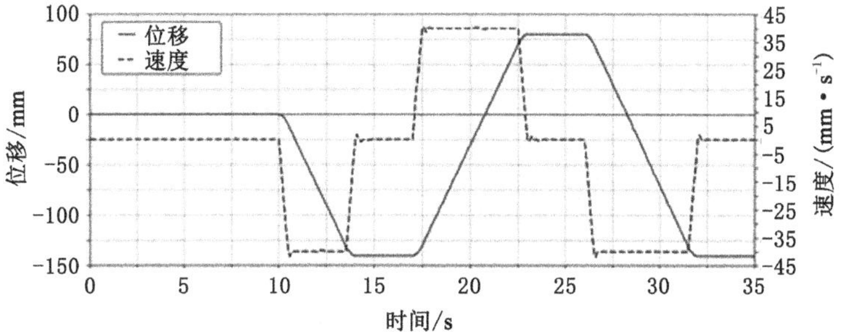


图 3-13　液压缸 2 驱动

设定仿真时间为 35 s，步长 0.1 s，在一个工作循环内，管道质心的位移、速度和加速度变化如图 3-16～图 3-18 所示。

因为在仿真的前 10 s 机械手在做静平衡计算，所以管道在前 10 s 内没有运动。从仿真结果上可以看出机械手的叉手（夹持管道）在运动过程中速度基本上以线性方式运动，但在速度发生突变的时间点上，加速度波动比较大，说明此时系统会产生较大的冲击动载荷。

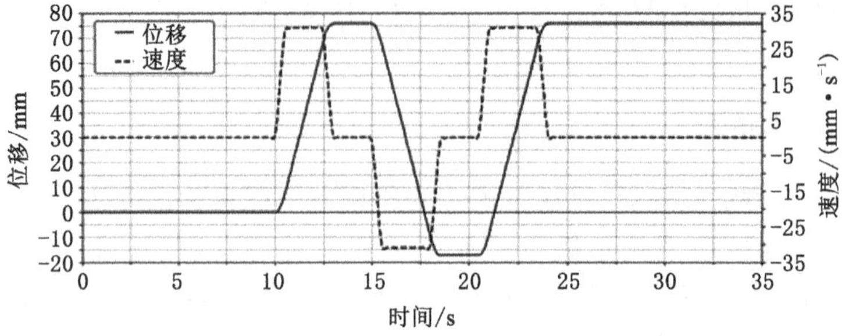


图 3-14　液压缸 3 驱动

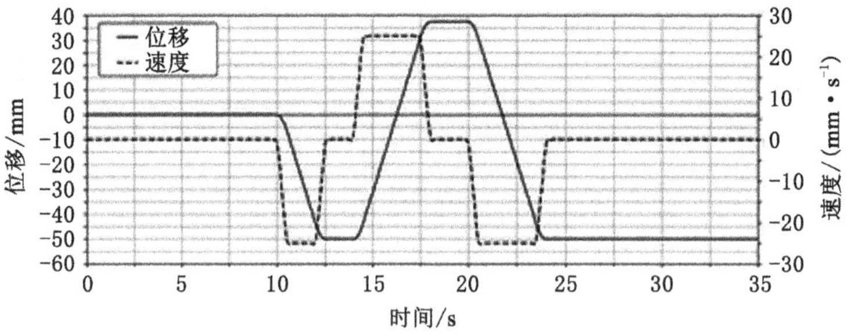


图 3-15　液压缸 4 驱动

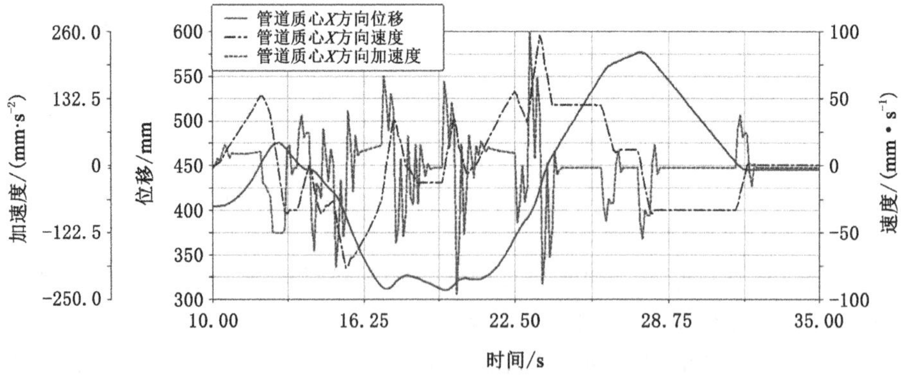


图 3-16　管道 X 方向的运动

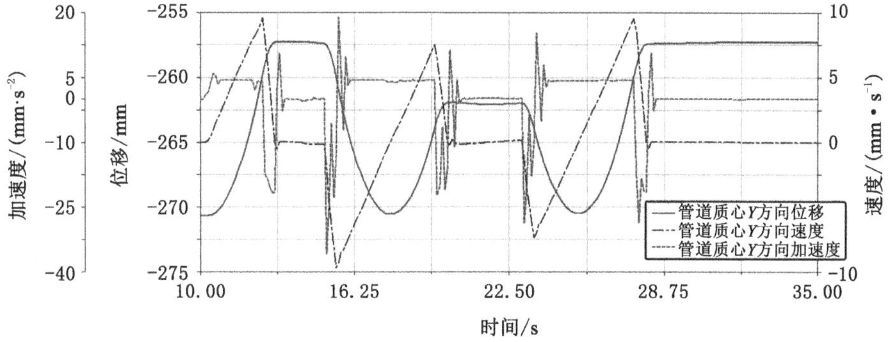


图 3-17　管道 $Y$ 方向的运动

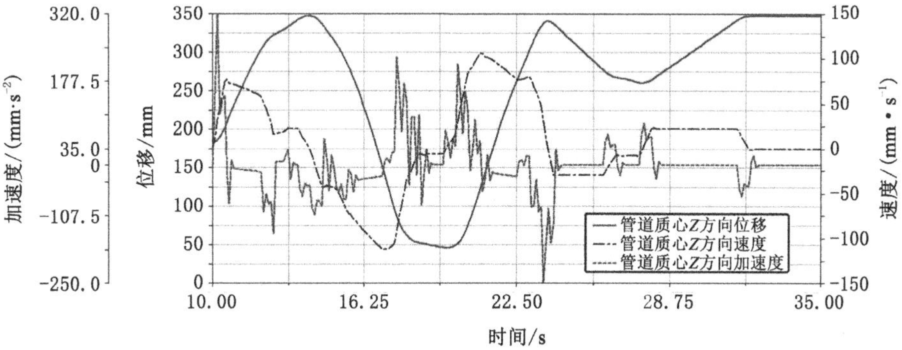


图 3-18　管道 $Z$ 方向的运动

### 3.4.2　实验分析

实验设备有：机械手样机，动态信号分析仪，液压压力传感器，位移传感器，计算机等。机械手所夹持的管道内径为 50 mm，长 1 000 mm，厚 45 mm，实验现场如图 3-19 所示。

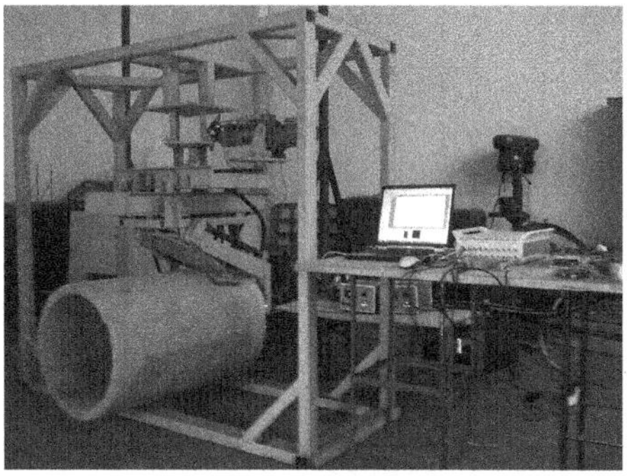

图 3-19　实验现场

设计实验条件与仿真条件相同，通过测量得到液压缸 1～4 的工作压力曲线和位移曲线，如图 3-20～图 3-27 所示。

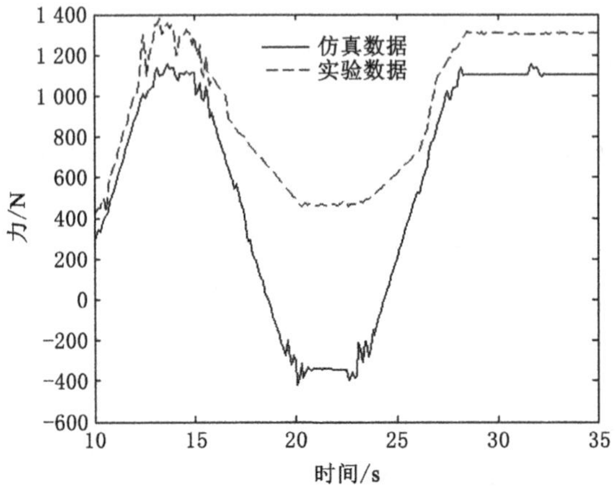


图 3-20　液压缸 1 工作压力

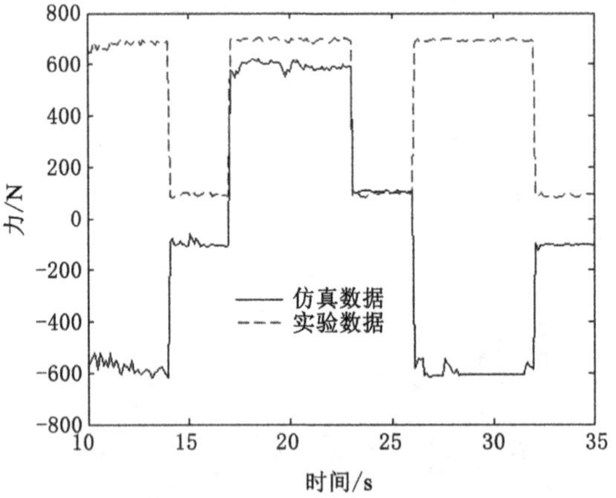


图 3-21　液压缸 2 工作压力

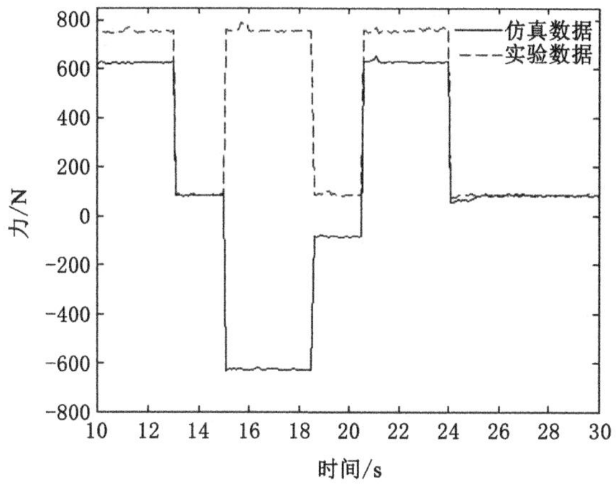


图 3-22　液压缸 3 工作压力

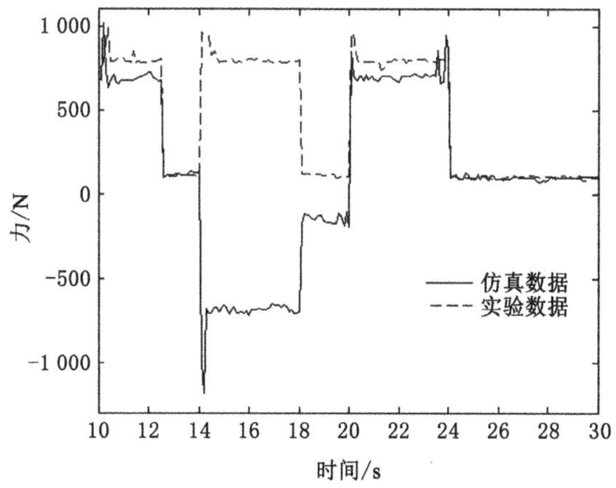


图 3-23　液压缸 4 工作压力

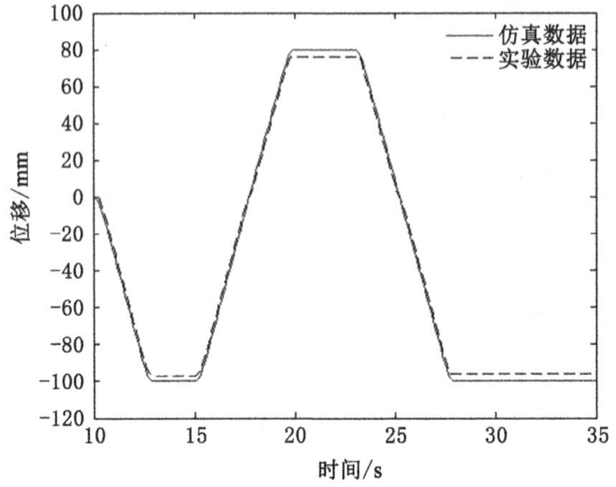


图 3-24　液压缸 1 位移

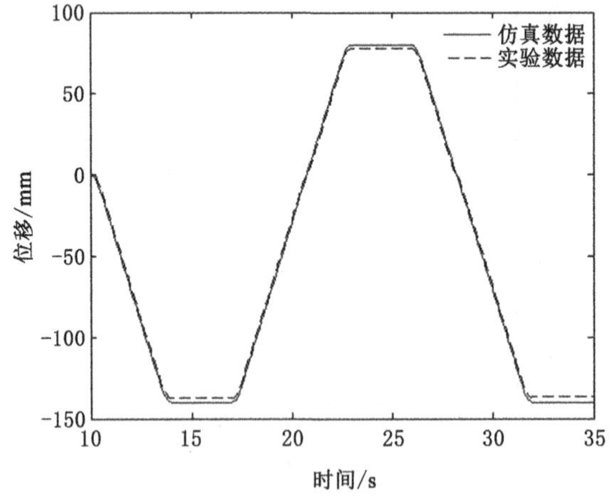


图 3-25　液压缸 2 位移

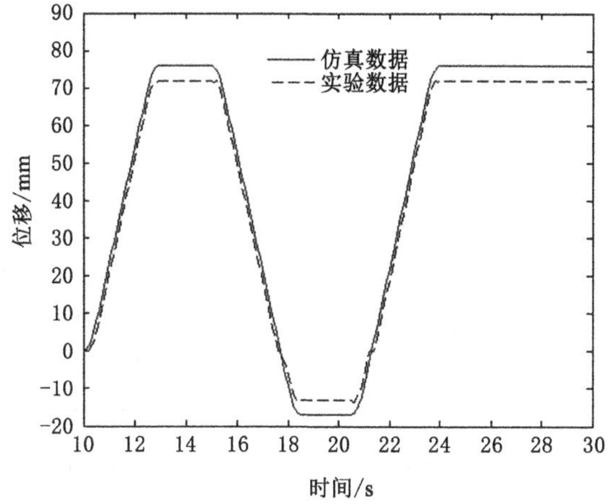


图 3-26　液压缸 3 位移

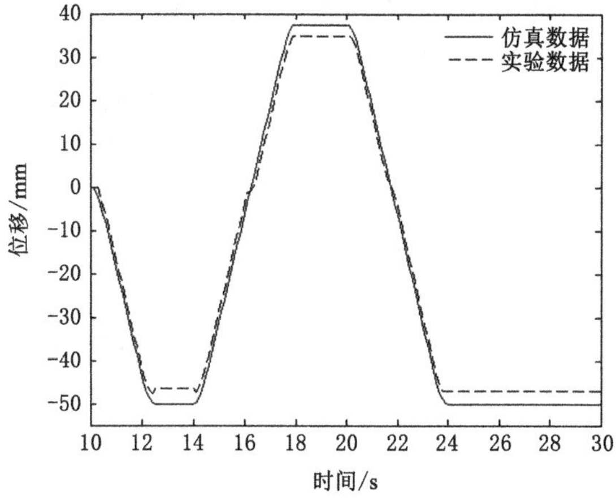


图 3-27　液压缸 4 位移

从图3-20上可以看出，在提升管道的过程中，压力是在增加的。当液压缸1处于静止状态时，由于其他油缸的动作，使得工作压力处于震荡状态。因为仿真时，所测量的压力即是该液压缸的驱动力，正方向是与驱动的坐标系正向一致的，当管道下放时，驱动力方向变为坐标系的负方向，所以图中的仿真数据中出现了负值，只要取成绝对值即可。由实验测得的压力变化与仿真曲线变化基本一致，最大压力差值为152 N，这主要是由于仿真模型中没有考虑液体摩擦力等原因造成的。

图3-21～图3-23为其他3个油缸的工作压力变化曲线，从图中可以看出，当液压缸处于工作状态时，工作压力变化不大，且仿真与实验数据变化趋势一致，由于仿真模型中没有考虑到液压摩擦等因素，所以工作压力实测值大于仿真值，最大相差205 N。

图3-24～图3-27为4个液压缸位移变化曲线。因为设定流量为定值，所以位移呈线性变化。从图上可以看出仿真结果与实验结果基本一致。由于液压油的泄漏等原因，使得仿真位移和实验位移之间最大相差4 mm。

从以上的仿真与实验分析可以看出，虚拟样机仿真结果与实验结果基本一致，出现的误差均在可控范围之内，该虚拟样机的建模是成功的。

## 3.5 本章小结

根据第1章的机械手机械原理利用Solidworks和Adams软件建立管道施工机械手虚拟样机。考虑到机械手在工作过程中部分构件的形变，虚拟样机采用刚-柔耦合建模；通过添加过渡轴使导轮与导轨之间的作用力更接近实际工况，并且避免冗余约束的产生；添加外力等效运动副中的摩擦力，使虚拟样机与机械手实际结构高度仿真。

通过对机械手对接管道过程的动力学仿真，提取出液压系统的工作压力，液压缸的位移等参数与实验数据进行对比，结果验证了机械手虚拟样机建模正确，与实验样机高度相符，利用虚拟样机可以对机械手进行精确的动态性能分析。

# 第 4 章　管道施工机械手光电定位理论分析

## 4.1　引言

管道施工机械手如何实现管道在地下沟槽中的对接与安装，需要机械手的定位系统来引导机械手的运动实现。因此，定位系统成为机械手不可缺少的重要组成部分，本章主要分析机械手的光电定位技术以及该技术如何引导机械手实现管道的安装定位。目前，在地下管道施工过程中，通常先由挖掘机按照预先规划好的路径挖出一条沟槽，然后用吊车吊起管道并调整好姿态放入沟槽中，再吊起第二个管道至沟槽中，第二个管道以第一个管道为基准，沟槽内有 2 到 3 名工人辅助调整管道的方向，协助吊车调整管道实现管道的对接，如图 4-1 所示，在整个管道的铺设过程中始终有工人在沟槽中进行作业。因此，一旦出现沟槽的塌方等状况，就会有人员的伤亡事故发生。

图 4-1　地下排污管道铺设现场

管道施工机械手以挖掘机为载体，在大范围的运动操控上由挖掘机来实现，小范围的运动控制，如管道的定位、对接等由机械手自动完成。机械手在工作时需要夹持管道在空间运动，由于机械手的工作环境复杂多变，主要为野外或城市街道等施工现场，无法像其他工业机械人那样，以自身基座等为参照，采用自身关节传感器或者视觉系统进行定位的方法[78-79]，所以就需要用其他方法对机械手端部进行定位和引导。机器人的定位、导航技术国内外对其进行了很多研究，取得了许多成果，如：利用基于射频识别技术[80-81]，利用卡尔曼滤波器融合多传感器技术[82-83]等等。

考虑到管道铺设施工现场的复杂性，为了在管道铺设过程中减少或者不使用工人在沟槽中作业从而提高地下管道施工过程的安全性，该机械手在铺设管道时采用光电定位系统辅助机械手操作者实现管道定位对接。

在挖好的沟渠的一端安置好激光发射器，激光发射器射出与管道路径相平行的激光射线，以激光射线作为管道铺设定位的外部参照。在机械手上垂直于机械手所夹持管道轴线的平面上安装上激光定位接收靶。这样就可以测得激光束打在该平面的坐标位置，并把激光束打在靶盘上的位置作为计算该机械手的空间位姿数学模型的参数，通过计算得出该机械手所夹持管道的相对于管道铺设路线的角度、位置等信息。光电靶所采集的参数可以确定机械手 6 个自由度中的 5 个，再加上其他如距离传感器、陀螺仪等传感器采集的参数就可以建立完整的空间坐标系。机械手的光电定位系统是一个相对独立的系统，独立供电，独立采集数据，独立发送数据，是机械手的可拆卸部件，只要在机械手的机械结构部分做有安装卡槽和电源接口就可以。

该机械手的工作方式为人工操作与自动控制相结合，在管道铺设的前期采用人工的方式操作，在管道进入沟渠的待定位置时，即激光束可以照射到光电靶的区域内时，系统进入自动控制程序，对管道进行最后的微调与定位。在整个管道的铺设过程中由于不需要有工人进入沟渠中，所以大大提高施工过程的安全性，同时还可以最大程度地节约时间，提高工作效率。光电靶分为 3 种：单靶，双靶和三靶。

## 4.2 光电定位系统数学模型分析

机械手在利用光电定位系统进行管道对接过程中，可以根据现场具体施工情况，采取单靶定位、双靶定位和三靶定位。

### 4.2.1　单靶定位分析

实际施工现场，情况复杂，往往会出现一些人们事先预料不到的事情，可在机械手上安装一个光电靶来辅助机械手操作人员控制机器给管道定位。在以往人工铺设管道时，机器操作者往往受到视野等限制，在管道对接完成后会出现接口处连接好了，但是管道另一端偏离要铺设管道路径的现象，这种情况下可以采用单靶定位。如图 4-2 所示，光电靶安装在机械手的后面，靶心与管道轴线重合。激光发射器放置在已铺设好的管道里面，激光束与管道轴线重合。在机械手提升机构的叉手架后面安装一个可调的活动支架，可根据所握持管道的型号（直径、臂厚）来调整靶盘的位置，使靶盘中心与所握持管道的轴线相重合。

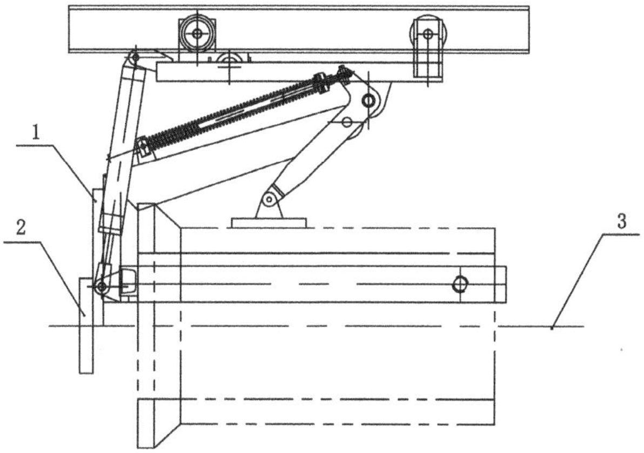


1—可调连接架；2—光电靶；3—所握持管道的轴线。

图 4-2　单靶定位示意图

机械手应用一个光电靶可以确定机械手的 2 个自由度。由于光电靶靶心在机械手所握持管道的轴线上，所以当激光束打在靶心时，即可知道管道轴线与待铺设管道轴线重合，管道铺设到位。

以光电靶的圆心为坐标原点建立坐标系，竖直向上为 $Y$ 轴，水平向右为 $X$ 轴，激光束打在光电靶上，系统采集到光点在该靶上的极坐标为 $(\rho,\theta)$，系统把数据传送给机械手操作者，该光点的直角坐标为 $P=\begin{bmatrix}x\\y\end{bmatrix}=\begin{bmatrix}\rho\cos\theta\\\rho\sin\theta\end{bmatrix}$，操作者根据所显示的数据，即可以知道管道尾部在 $X$ 方向和 $Y$ 方向的偏移量，操作者即可根据此数据调整管道的位姿进行管道对接。

### 4.2.2 双靶定位分析

某些工况条件下可以使用双光电靶实现管道定位。例如施工现场环境良好，地面平整，要求铺设管道路径为一直线且平行于路面，大多数城市基础设施改造的工程均属于该种情况。施工现场多为宽敞的沥青路面，在马路上开挖沟渠，拆掉旧管道铺设新管道。该种施工条件使得挖掘机基座水平无倾角，即机械手不需要在垂直面内转动。

#### 4.2.2.1 双靶安装位置参数

采用双靶定位时，光电靶安装在机械手的十字导轨上，分别布置在一前一后，如图 4-3 所示，两靶的靶面相互平行，间距为 $n$，两靶靶心在同一水平面内的间距为 $m$。

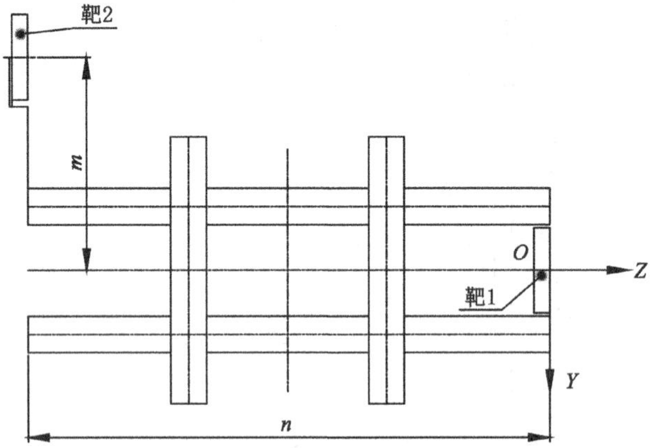


图 4-3 双靶安装位置示意图

两条激光束相互平行且间距也为 $m$，激光射线平行于管道路径。激光束 1 在管道轴线所在的竖直平面内，靶 1 中心在机械手握持管道轴线的竖直面内，当机械手所持管道铺设对接好后，激光束正好打中靶盘的中心。

通过 2 个光电靶所采集到的数据即可以得到机械手所握持管道的轴线和其目标位置轴线的相对位置。在该种情况下，自动安装程序只负责控制机械手使其握持管道的轴线与目标路径相重合，管道的插入连接由人工完成。

#### 4.2.2.2 双靶光电定位数学模型

以靶 1 圆心为坐标原点建立管道所在直角坐标系，管道轴线方向为 $Z$ 轴，垂直管道轴线竖直向上为 $X$ 轴。激光束所在坐标系为 $O'X'Y'Z'$，2 条激光束所

在的平面为 $O'Y'Z'$ 面，$Z'$ 轴沿激光束 1 的方向，$X'$ 轴竖直向上。当两个坐标系相重合时即是管道安装就位。

设靶盘所在坐标系 $OXYZ$ 为动坐标系，激光束所在坐标系 $O'X'Y'Z'$ 为固定坐标系，坐标系 $OXYZ$ 相对于坐标系 $O'X'Y'Z'$ 各轴的转角分别为 $\gamma$、$\beta$、$\alpha$。

激光束打在 2 个靶盘上的光点在 $OXYZ$ 的坐标分别为 $\boldsymbol{P}_1=\{x_1,y_1,z_1\}^{\mathrm{T}}$、$\boldsymbol{P}_2=\{x_2,y_2,z_2\}^{\mathrm{T}}$，激光束打在每个光电靶上后系统采集到光点在各自靶上的极坐标为 $(p_1,\theta_1)$、$(p_2,\theta_2)$，极坐标系的 $X$ 轴、$Y$ 轴与坐标系 $OXYZ$ 的 $X$ 轴、$Y$ 轴平行且方向相同。

$$\boldsymbol{P}_1=\begin{bmatrix}x_1\\y_1\\z_1\end{bmatrix}=\begin{bmatrix}p_1\cos\theta_1\\p_1\sin\theta_1\\0\end{bmatrix}\tag{4-1}$$

$$\boldsymbol{P}_2=\begin{bmatrix}x_2\\y_2\\z_2\end{bmatrix}=\begin{bmatrix}p_2\cos\theta_2\\p_2\sin\theta_2-m\\-n\end{bmatrix}\tag{4-2}$$

经分析在双靶状态下由于坐标系 $OXYZ$ 绕坐标系 $O'X'Y'Z'$ 的 $Z'$ 轴无转动，则 $\alpha=0°$。

因为坐标系的位姿变换关系是可逆的，所以在分析两坐标系的位姿变换关系时，本书采用反推法进行求解，即由机械手目标位置向它的初始位置平移旋转，推导出此过程中光电靶采集到的数据与机械手位姿间的关系，为控制系统提供控制参数。

首先进行平移变换。假设机械手首先处于目标位置，即两动静坐标系重合，此时 2 条激光束都打在靶心，机械手握持管道的轴线也与其目标安装位置的轴线相重合。因为定位系统无法识别 $Z$ 方向位移，所以管道安装时 $Z$ 方向运动由人工完成，以下分析中不予考虑，即在 $Z$ 轴方向无移动，只考虑 $X$ 轴和 $Y$ 轴方向的位移。设机械手先相对于激光束作平移运动，沿 $X$ 轴和 $Y$ 轴分别平移了 $-x_1$、$-y_1$，则激光束打在靶盘上的光点位置由原点移动到了 $x_1$、$y_1$，激光束 1 打在靶 1 上的坐标值为：

$$\begin{bmatrix}x_1\\y_1\\z_1\end{bmatrix}=\begin{bmatrix}x_1\\y_1\\0\end{bmatrix}\tag{4-3}$$

激光束 2 打在靶 2 的坐标为：

$$\begin{bmatrix}x_2\\y_2\\z_2\end{bmatrix}=\begin{bmatrix}x_1\\y_1-m\\-n\end{bmatrix}\tag{4-4}$$

然后再绕 $Y'$ 轴旋转 $\beta$ 角，此时光电靶 2 上的光点仅有坐标 $x_2$ 有变化，其他值都保持不变，如图 4-4 所示。

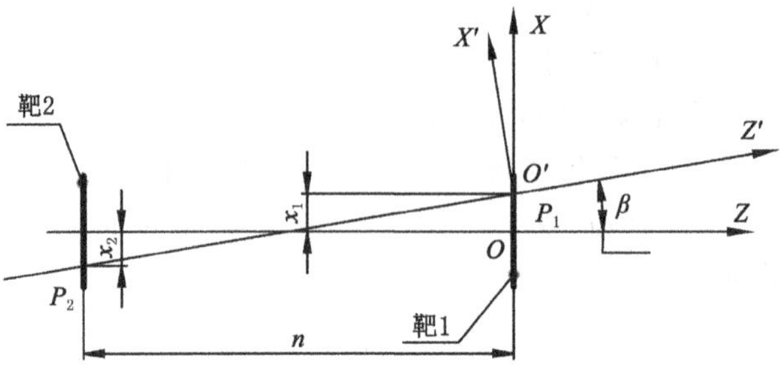


图 4-4　激光束在 $OXZ$ 面的投影

打在光电靶 2 上的坐标为：

$$x_2 = n\tan\beta - x_1 \tag{4-5}$$

$$\beta = \arctan\frac{x_1 + x_2}{n} \tag{4-6}$$

接下来绕 $X'$ 轴旋转 $\gamma$ 角，激光射线和打靶点在 $OZY$ 面的投影，如图 4-5 所示。坐标系 $OXYZ$ 绕 $X'$ 轴旋转 $\gamma$ 角时，光电靶 2 上的光点也仅有坐标值 $y_2$ 有变化，其他值都保持不变。

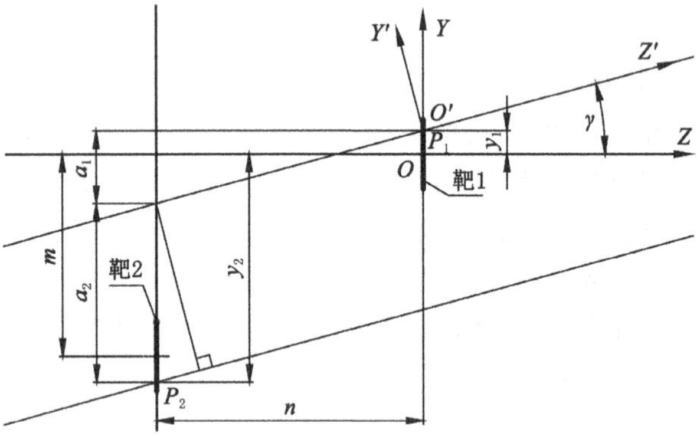


图 4-5　光束在 $OYZ$ 面的投影

$$a_1 = n \cdot \tan\gamma \tag{4-7}$$

$$a_2 = \frac{m}{\cos\gamma} \tag{4-8}$$

$$y_2 = y_1 - a_1 - a_2 \tag{4-9}$$

即：

$$y_2 = y_1 - n\tan\gamma - \frac{m}{\cos\gamma} \tag{4-10}$$

由于$-90°<\gamma<90°$，将$\frac{1}{\cos\gamma}=\sqrt{1+\tan^2\gamma}$代入式(4-10)得到：

$$y_2 = y_1 - n\tan\gamma - m\sqrt{1+\tan^2\gamma} \tag{4-11}$$

设 $k=\tan\gamma$，整理得：

$$Ak^2 + Bk + C = 0 \tag{4-12}$$

其中：

$$A = n^2 - m^2$$

$$B = 2n(y_1 - y_2)$$

$$C = m^2 - (y_1 - y_2)^2$$

根据一元二次方程的求根公式，得到：

$$k = \frac{-B \pm \sqrt{B^2 - 4AC}}{2A} \tag{4-13}$$

由式(4-13)可以求出 $k$ 的 2 个解，即 $\gamma$ 有 2 个解。把解出的 $\gamma$ 代入式(4-11)中，可求出 $y_2$。已知 $y_2$ 的取值为$[-R-m, R-m]$，$R$ 为光电靶半径，只有满足 $y_2$ 取值范围的 $k$ 解为正解，据此可求得最后的正解 $k$ 值。则：

$$\gamma = \arctan k \tag{4-14}$$

综上分析，在使用双光电靶定位时，激光束打在该系统的光电靶上后，得到光电靶所在坐标系与激光束所在坐标系的相互位置关系，通过靶 1 所采集到的数据得出的直角坐标是光电靶所在动坐标系 $OXYZ$ 相对于激光束所在固定坐标系 $O'X'Y'Z'$ 的平移量。$\gamma$，$\beta$，$\alpha$ 为光电靶所在动坐标系 $OXYZ$ 相对于坐标系 $O'X'Y'Z'$ 各轴转过的角度。

所以得到机械手所握持管道与其目标位置的位姿关系的数学模型式(4-15)。

$$\begin{cases} \Delta x = x_1 \\ \Delta y = y_1 \\ \beta = \arctan \dfrac{x_1 - x_2}{n} \\ \gamma = \arctan k \end{cases} \tag{4-15}$$

由式(4-15)可知，只要控制系统控制机械手沿 $X$ 轴和 $Y$ 轴分别平移 $\Delta x$、$\Delta y$，靶 1 的靶心即与 $O'$ 点相重合，即两个坐标系的原点相重合，再绕坐标系 $O'X'Y'Z'$ 的 $X'$ 轴转过 $-\gamma$ 角，$Y'$ 轴转过 $-\beta$ 角，就可以使机械手达到其目标位置，即管道安装到位。

### 4.2.3 三靶定位分析

#### 4.2.3.1 三靶安装位置参数

机械手的光电定位系统工作时可使用3个光电靶，光电靶安装在机械手十字导轨的下导轨上，一个靶盘在前，另外两个靶盘在后，3个靶的靶心处在同一水平面内，激光发射器布置在铺设管道的沟槽边上，激光发射器发出3条在同一平面且等距排列的激光束，方向沿已铺设好管道轴线方向，激光束间距等于靶盘间距。当激光束都打在靶盘中心时，待铺设管道轴线即和已铺设好的管道轴线重合。通过距离传感器可以测得激光发射器距离光电靶的距离，这样就可以完全定义机械手所夹持管道的空间位置。如图4-6所示。

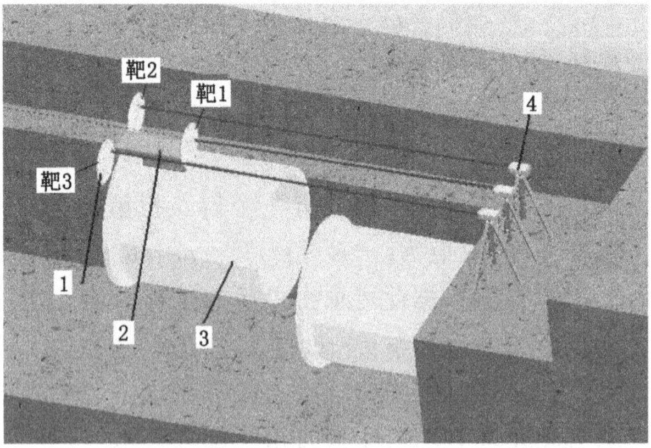


1—光电靶；2—机械手；3—管道；4—激光发射器。

图4-6 光电定位系统模拟

#### 4.2.3.2 三靶光电定位数学模型

建立光电靶的坐标系，如图4-7所示。

前后靶所在平面的距离为$n$，3个靶的间距为$m$。则3个靶的靶心在坐标系$OXYZ$下的坐标为$[0,0,0]^T$，$[0,-m,-n]^T$，$[0,m,-n]^T$。

以靶1圆心为坐标原点建立待铺设管道直角坐标系$OXYZ$，管道轴线方向为$Z$轴，垂直管道轴线竖直向上为$X$轴。激光束所在坐标系为$O'X'Y'Z'$，激光束所在平面为$O'Y'Z'$面，$Z'$轴沿激光束的方向，$X'$轴竖直向上，如图4-8所示。

设坐标系$OXYZ$为动坐标系，坐标系$O'X'Y'Z'$为静坐标系，坐标系$OXYZ$相对于坐标系$O'X'Y'Z'$的转角分别为$\alpha$、$\beta$、$\gamma$。

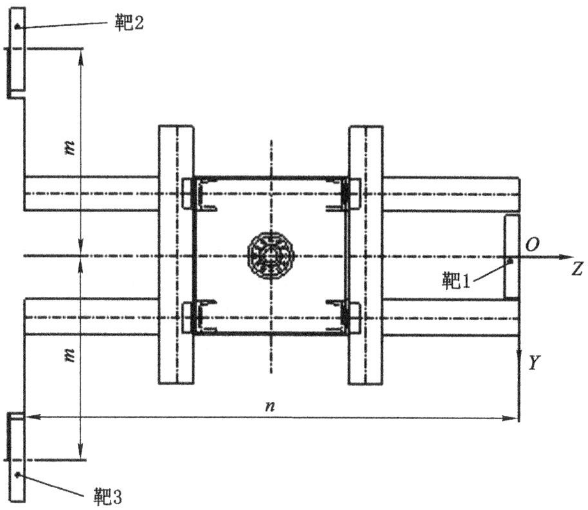


图 4-7　光电靶安装位置示意

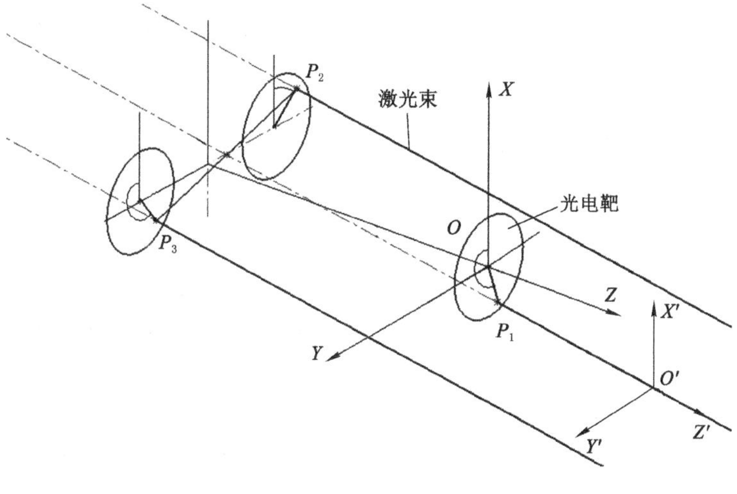


图 4-8　光电定位系统坐标系

激光束打在靶盘上的坐标分别为 $P_1$、$P_2$、$P_3$，统一表示成 $P_n = [x_n, y_n, z_n]^T (n=1,2,3)$，$P_2P_3$ 中点为 $P_0$，系统采集到激光束打在每个光电靶上光点的极坐标为$(p_n, \theta_n)(n=1,2,3)$，靶盘极坐标 $X$ 轴、$Y$ 轴与坐标系 $OXYZ$ 的 $X$ 轴、$Y$ 轴平行且方向相同。则：

$$P_1=\begin{bmatrix}x_1\\y_1\\z_1\end{bmatrix}=\begin{bmatrix}p_1\cos\theta_1\\p_1\sin\theta_1\\0\end{bmatrix}\tag{4-16}$$

$$P_2=\begin{bmatrix}x_2\\y_2\\z_2\end{bmatrix}=\begin{bmatrix}p_2\cos\theta_2\\-m+p_2\sin\theta_2\\-n\end{bmatrix}\tag{4-17}$$

$$P_3=\begin{bmatrix}x_3\\y_3\\z_3\end{bmatrix}=\begin{bmatrix}p_3\cos\theta_3\\m+p_3\sin\theta_3\\-n\end{bmatrix}\tag{4-18}$$

$$P_0=\begin{bmatrix}\dfrac{x_2+x_3}{2}\\\dfrac{y_2+y_3}{2}\\\dfrac{z_2+z_3}{2}\end{bmatrix}=\begin{bmatrix}\dfrac{p_2\cos\theta_2+p_3\cos\theta_3}{2}\\\dfrac{p_2\sin\theta_2+p_3\sin\theta_3}{2}\\-n\end{bmatrix}\tag{4-19}$$

$O'$点与激光束 1 重合，光电定位系统能够确定机械手 6 个自由度中的 5 个，而 $Z'$方向上的移动量需要由其他方式取得，这里讨论的数学模型中假设该量为零。当管道对接到位后，$O$ 点和 $O'$点重合，则动坐标系在轴向的移动量为：

$$\begin{bmatrix}\Delta x\\\Delta y\\\Delta z\end{bmatrix}=\begin{bmatrix}x_1\\y_1\\0\end{bmatrix}=\begin{bmatrix}p_1\cos\theta_1\\p_1\sin\theta_1\\0\end{bmatrix}\tag{4-20}$$

因为两坐标系的位姿变换关系是可逆的，所以在分析两坐标系的位姿变换关系时，采用反推法进行求解。即机械手由目标位置向它的初始位置平移旋转，达到初始位置。推导出此过程中坐标系 $OXYZ$ 相对于坐标系 $O'X'Y'Z'$的旋转角度。

假设开始阶段两个坐标系重合，先进行平移运动，接着绕 $X'$轴旋转 $\gamma$ 角，再绕 $Y'$轴转 $\beta$ 角，最后绕 $Z'$轴转 $\alpha$ 角。设绕 $X'$轴旋转 $\gamma$ 角和绕 $Y'$轴转 $\beta$ 角后激光束 2，3 打在靶上的坐标为：

$$P'_2=\begin{bmatrix}x'_2\\y'_2\\z_2\end{bmatrix}$$

$$P'_3=\begin{bmatrix}x'_3\\y'_3\\z_3\end{bmatrix}\tag{4-21}$$

设初始状态动静两坐标系完全重合，先进行 $X$ 轴、$Y$ 轴方向的平移运动，则打在各靶上的激光点由靶心移动了 $-x_1$、$-y_1$。然后绕 $X'$ 轴旋转 $\gamma$ 角，如图 4-9 所示，得到：

$$y'_3 = y_1 - n \cdot \tan\gamma \tag{4-22}$$

$$\gamma = \arctan\frac{y_1 - y'_3}{n} \tag{4-23}$$

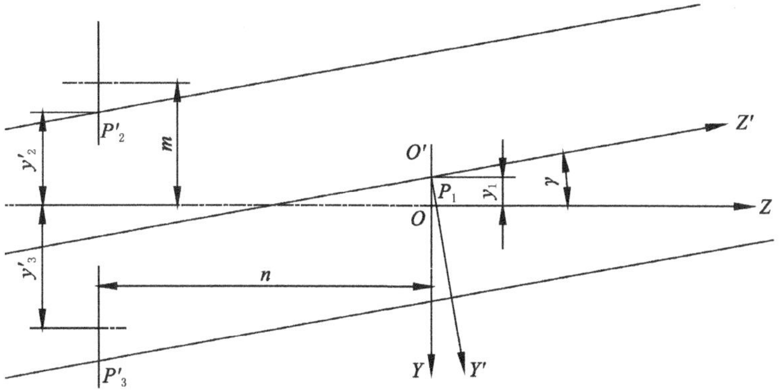


图 4-9　光束在 $OYZ$ 面的投影

再绕 $Y'$ 轴转 $\beta$ 角，如图 4-10 所示，得到：

$$x'_3 = x_1 - n\tan\beta \tag{4-24}$$

$$\beta = \arctan\frac{x_1 - x'_3}{n} \tag{4-25}$$

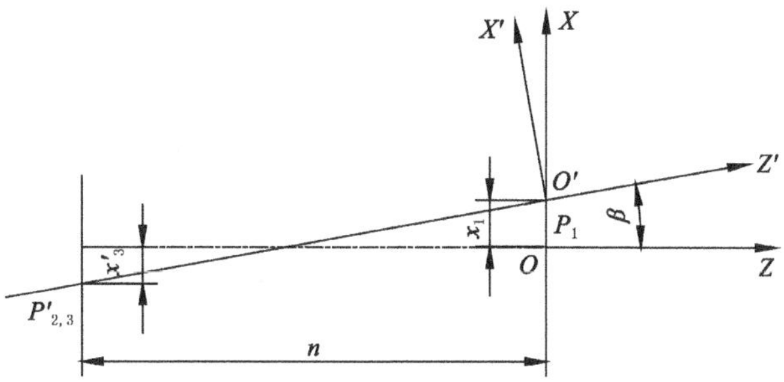


图 4-10　激光束在 $OXZ$ 面的投影

再绕 $Z'$ 轴转 $\alpha$ 角，因为 $P_1$ 点与 $O'$ 点重合，光点 $P_1$ 没有移动，光点 $P_2$、$P_3$ 在靶上均有移动，$P_0$ 无位移。已知动坐标系 $OXYZ$ 相对固定坐标系 $O'X'Y'Z'$ 的 $Z'$ 轴转过 $\alpha$ 角，反过来在动坐标系 $OXYZ$ 中，坐标平面 $O'Y'Z'$ 即 2 条激光束所在的平面转动了$-\alpha$角，求得转动前与转动后两平面的夹角就是$\alpha$角。

在绕$Z'$轴转过$\alpha$角之前，$P_2P_3//OY$，如图4-11所示，取直线$P_2P_3$上两点$\{x_0,y_0,z_0\}^T$、$\{x_0,0,z_0\}^T$建立平面$P_1P_2P_3$在坐标系$OXYZ$的平面方程。

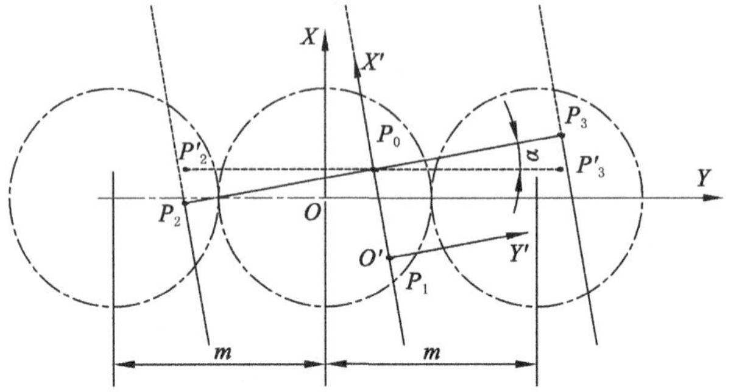


图4-11　激光束在$OXY$面的投影

$P_1,P_2,P_3$三点所建立的平面为：

$$\begin{vmatrix} x-x_1 & y-y_1 & z-z_1 \\ x_0-x_1 & y_0-y_1 & z_0-z_1 \\ x_0-x_1 & 0-y_1 & z_0-z_1 \end{vmatrix}=0 \tag{4-26}$$

式(4-26)可以写成：

$$A_1x+B_1y+C_1z+D_1=0 \tag{4-27}$$

其中：$A_1=y_1(z_1-z_0)$；$B_1=0$；$C_1=y_1(x_1-x_0)-(y_1-y_0)(x_0-x_1)$；$D_1=-A_1x_1-B_1y_1-C_1z_1$。

$P'_1,P'_2,P_3$三点所建立的平面为：

$$\begin{vmatrix} x-x_1 & y-y_1 & z-z_1 \\ x_3-x_1 & y_3-y_1 & z_3-z_1 \\ x_2-x_1 & y_2-y_1 & z_2-z_1 \end{vmatrix}=0 \tag{4-28}$$

$$A_2x+B_2y+C_2z+D_2=0 \tag{4-29}$$

其中：$A_2=(y_3-y_1)(z_2-z_1)-(z_3-z_1)(y_2-y_1)$；$B_2=(x_2-x_1)(z_3-z_1)-(x_3-x_1)(z_2-z_1)$；$C_2=(x_3-x_1)(y_2-y_1)-(y_3-y_1)(x_2-x_1)$；$D_2=-A_2x_1-B_2y_1-C_2z_1$。

则两平面的夹角为：

$$\cos\alpha'=\frac{A_1A_2+C_1C_2}{\sqrt{A_1^2+C_1^2}\cdot\sqrt{A_2^2+B_2^2+C_2^2}}$$

$$\alpha' = \arccos \frac{A_1A_2 + C_1C_2}{\sqrt{A_1^2 + C_1^2} \cdot \sqrt{A_2^2 + B_2^2 + C_2^2}} \tag{4-30}$$

$0 \leqslant \alpha' \leqslant 90°$，当 $y_1 > y_2$ 时，$\alpha = \alpha'$；当 $y_1 < y_2$ 时，$\alpha = -\alpha'$。

因为 $P'_2$、$P'_3$ 是 $P_2$、$P_3$ 绕 $P_0$ 旋转而来，所以：

$$y'_3 = y_0 + \frac{\sqrt{(x_3 - x_2)^2 + (y_3 - y_2)^2}}{2} \tag{4-31}$$

$$y'_2 = y_0 - \frac{\sqrt{(x_3 - x_2)^2 + (y_3 - y_2)^2}}{2} \tag{4-32}$$

$$x'_3 = x_0 + \frac{\sqrt{(x_3 - x_2)^2 + (y_3 - y_2)^2}}{2} \tan \alpha \tag{4-33}$$

$$x'_2 = x_0 - \frac{\sqrt{(x_3 - x_2)^2 + (y_3 - y_2)^2}}{2} \tan \alpha \tag{4-34}$$

把式(4-31)、(4-32)代入式(4-33)和(4-34)中，得到：

$$\begin{aligned} \beta &= \arctan \frac{x_1 - x'_3}{n} \\ &= \arctan \frac{2x_1 - x_3 - x_2 + \sqrt{(x_3 - x_2)^2 + (y_3 - y_2)^2} \cdot \tan \alpha}{2n} \end{aligned} \tag{4-35}$$

$$\begin{aligned} \gamma &= \arctan \frac{y_1 - y'_3}{n} \\ &= \arctan \frac{2y_1 - y_3 - y_2 + \sqrt{(x_3 - x_2)^2 + (y_3 - y_2)^2}}{2n} \end{aligned} \tag{4-36}$$

综上分析，激光束打在光电定位系统的光电靶上后，得到光电靶所在坐标系与激光束所在坐标系的位置关系。采集靶 1 所得到的数据是光电靶所在动坐标系 $OXYZ$ 相对于激光束所在固定坐标系 $O'X'Y'Z'$ 的平移量。$\gamma$，$\beta$，$\alpha$ 为动坐标系 $OXYZ$ 相对于固定坐标系 $O'X'Y'Z'$ 各轴转过的角度。

则机械手所握持管道与其目标位置的位姿关系的数学模型如式(4-37)所示。

由式(4-37)可知，当机械手进入光电定位系统的工作范围后，通过光电定位测量激光束打在靶盘上的坐标位置，控制系统可控制机械手沿 $X$ 轴和 $Y$ 轴分别平移 $\Delta x$、$\Delta y$，靶 1 的靶心即与 $O'$ 点相重合，也就是两个坐标系的原点重合，再绕坐标系 $O'X'Y'Z'$ 的 $Z'$ 轴转过 $-\alpha$ 角，绕 $X'$ 轴转过 $-\gamma$ 角，绕 $Y'$ 轴转过 $-\beta$ 角，就可以使机械手达到其目标位置，即管道安装到位。

$$
\begin{cases}
\Delta x = x_1 \\
\Delta y = y_1 \\
\alpha = \pm \arccos\left( \dfrac{A_1A_2 + C_1C_2}{\sqrt{A_1^2 + C_1^2} \cdot \sqrt{A_2^2 + B_2^2 + C_2^2}} \right) \\
\beta = \arctan \dfrac{x_1 - x'_3}{n} \\
\quad = \arctan \dfrac{2x_1 - x_3 - x_2 + \sqrt{(x_3 - x_2)^2 + (y_3 - y_2)^2} \cdot \tan \alpha}{2n} \\
\gamma = \arctan \dfrac{y_1 - y'_3}{n} \\
\quad = \arctan \dfrac{2y_1 - y_3 - y_2 + \sqrt{(x_3 - x_2)^2 + (y_3 - y_2)^2}}{2n}
\end{cases}
\tag{4-37}
$$

## 4.3 本章小结

本章主要研究了机械手的光电定位系统。根据不同的施工情况，可采用不同的三种定位方式，并通过坐标变换理论推导出了不同定位方式的光电定位系统数学模型，此模型为第 5 章控制系统提供了基本的控制参数。研究了光电定位系统的工作原理，设计出了光电定位靶。对光电定位系统的数据采集和无线传输数据能力进行了实验测试，并对实验结果进行了分析。通过对光电定位系统的实验测试，表明该光电定位系统能够满足机械手完成管道铺设任务的要求。

# 第 5 章　机械手光电定位系统分析

机械手机械部分为仿人手叉式提升机构。工作时，机械手握持管道在 3D 空间中运动。在野外或城市街道处施工时，在管道铺设路线上（路径为直线）放置激光发射器，激光发射器发射出的激光射线沿着管道路径，在垂直于机械手所夹持管道轴线的平面上安装有激光定位接收靶。当机械手夹持水泥管道进入沟渠中的激光束范围内，激光束打在激光定位靶上，系统可以测得激光束打在该平面的位置，如图 5-1 所示，并把采集到的参数通过无线通信模块传输到主机上。

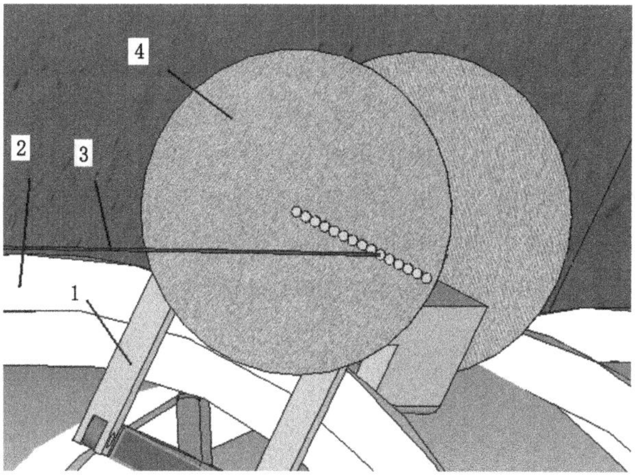


1—机械手；2—混凝土管道；3—激光射线；4—靶盘。

图 5-1　光电定位系统现场模拟

## 5.1　系统总体结构设计

激光接收靶主要研究解决两个问题，数据的采集和数据的传输。激光束打在机械手的激光接收靶上，以光电靶的靶心为坐标原点建立坐标系。激光打在靶上的坐标为系统所要采集的参数。激光束的接收采用光敏二极管，激光用常见的 650 nm 波长的激光发射器。

在光敏二极管的两端加上电压，串联上电阻构成激光感应电路，如图 5-2 所示，当无激光射线照入时，光敏二极管为截止状态，$A$ 点为低电平即数字电路的“0”，当激光射线照入光敏二极管时，二极管激活被导通 $A$ 点为高电平即数字电路的“1”，这样就可以为数字电路提供数据输入。

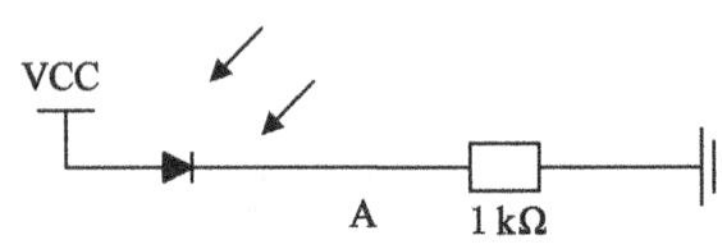


图 5-2　光敏二极管驱动电路

激光射线光点位置的确定有两个设想。一种是做一固定靶盘，如图 5-3(a)所示，在靶盘上排列 $N$ 排 $N$ 列个光敏二极管形成矩阵，对矩阵中的二极管逐个扫描实现对入射光线光点位置的识别。另一种是旋转式靶盘，如图 5-3(b)所示，首先在靶盘上以回转中心为极点，在建立的一条极轴上等距排列一排光敏二极管，这一排光电管可以根据需要确定其排列的间距。然后在靶心转轴上安装角位移传感器。激光打在旋转靶盘上时，那一排光电管随着靶盘的旋转遇到激光射线，从而产生输入信号，系统记录下光点距极点的距离和同一时刻转盘所转过的角度，即光点所在极坐标，靶盘每转一圈系统都会记录下光点所在的坐标。考虑到识别精度和系统的复杂程度和体积等问题，第二种方案可行性比较大。所以采用第二种方案进行试制然后对其进一步研究。

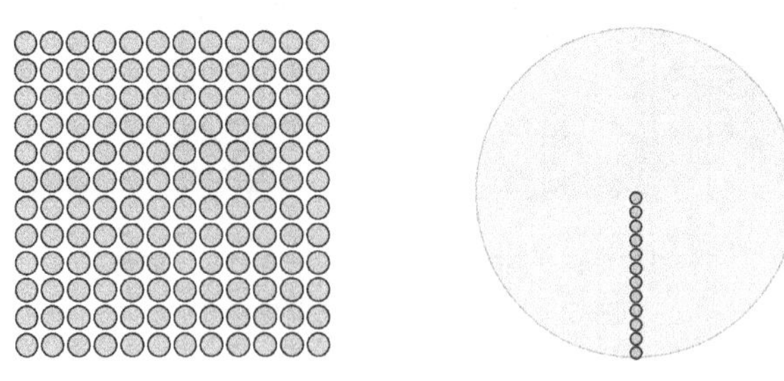


图 5-3　光敏二极管布置形式

数据的传输方式采用无线通信技术，对采集到的数据进行无线传输，这样可以很好地解决施工现场布线困难的问题。

该系统的总体结构由光电定位靶、MCU 数据采集和数据传送模块、基于 nRF905 的无线通信模块、接口转换模块、主机(PC)等部分组成,如图 5-4 所示。工作时,机械手进入激光束射程范围内后,激光束打在光电定位接收靶上,系统上电后开始工作。首先系统进行初始化设置,然后通过 SPI 接口对 nRF905 的配置寄存器进行设置,之后系统进入待机状态,当有数据输入的时候,MCU 开始采集数据,发射控制指令,在 nRF905 对数据进行打包和冗余检查检验处理后对其作相应的发射接收处理,再通过 RS-232 接口,把数据传输到 PC 上,完成系统的数据采集、传送和保存过程,所采集到的数据等待后续程序调用。

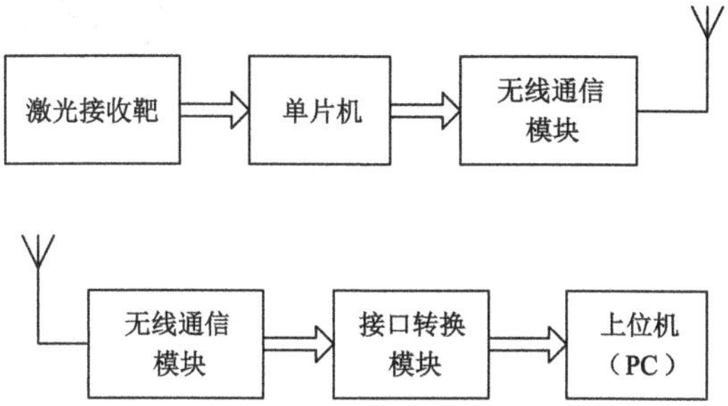


图 5-4　光电定位系统结构

## 5.2　系统硬件设计

光电定位系统的硬件主要有机械转盘、激光接收与测量电路、数据采集传输模块、基于 nRF905 的无线通信模块、接口转换模块和 PC 主机。

### 5.2.1　机械转盘设计

光电定位接收靶的外部为一个旋转的圆盘,靶盘由外部电机驱动旋转。在靶盘心轴上安有角位移传感器,用于测量转盘转过的角度。在以圆心为极点的一条极轴上等距排列一排光敏二极管。在转盘的背面安装系统电子器件。在样机测试时,用 16 个光敏二极管(外径 $\phi$5 mm) 每隔 5 mm 安装 1 个,排列成一排,形成了 1 个测量半径为 72.5 mm 的光电定位靶盘,如图 5-5 所示。

### 5.2.2　数据采集中转模块

本系统所需采集的数据有两个。一个是角度传感器所测得的激光束打在靶盘上的极轴和 $X$ 轴的夹角 $\alpha$,另一个为光点距中心的距离 $L$,如图 5-6 所示。

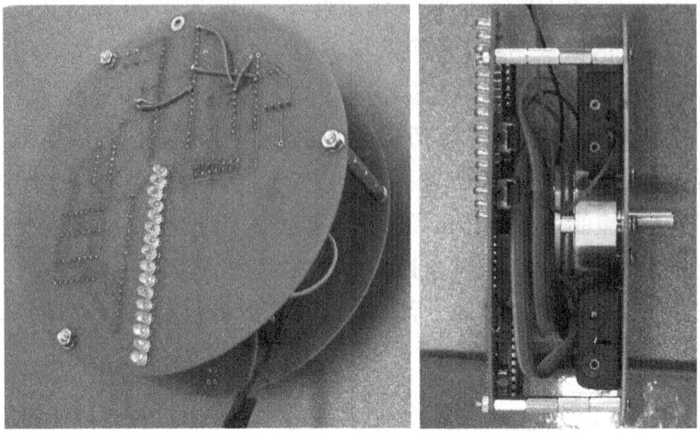

图 5-5　光电定位接收靶外观结构

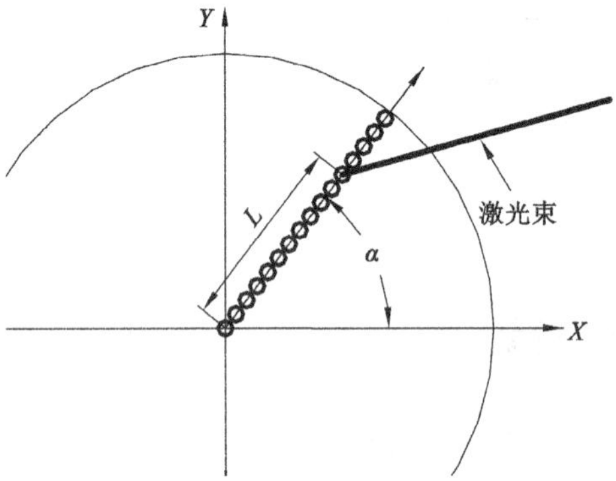


图 5-6　激光打靶示意

5.2.2.1　角度 $\alpha$ 的采集

角度传感器用于测量激光束打在靶盘上的极轴和 $X$ 轴的夹角，角度传感器是一个旋转电位计，输出为电压值，电路中有一个 A/D 转换器把电压值的模拟信号转换为数字信号。在该系统中选用精密导电塑料旋转电位器和德州仪器公司推出的 TLC0820 A/D 转换芯片，它是采用先进 LinCMOS 工艺制造的 8 位 A/D 转换器，内部包含了两个 4 位闪速转换器、一个 4 位数模转换、一个求和放大器以及转换结果锁存器。其可校正的 FLASH 技术可以保证芯片在工作温度范围内完成一个 8 位转换仅仅需要 1.18 μs，最长不超过 2.5 μs。芯片的跟踪保持电路有 100 ns 的采样窗口，它允许芯片以 100 mV/μs 的转换率转换连续的模拟信号而不需要外部的采样电路。TTL 兼容的 3 态输出驱动和 2 种操作模式可以方便地与各种微处理器接口。如图 5-7 所示。

转换器的模拟输入电压范围为 0.1 V 到 VCC＋0.1 V。低于 VREF－＋1/2LSB 高于 VREF＋＋1/2LSB 的模拟输入电压转换为 00000000(11111111)，最大参数输入值作为满量程模拟输入信号。这样可使 ADC 增益随参考电压变化，从而自动的转换输入电压范围。

通过 MODE 的设置，TLC0820 可工作在“读”和“写读”两种方式。当 MODE 为低时，转换器为只读方式。在这种方式中，WR/RDY 作为输出，并作为准备间隔的参考；同时，当 CS 为低时，WR/RDY 亦为低，表明器件忙，转换器在 RD 的下降沿开始转换，经过不到 2.5 μs 转换完成，此时 INT 下降，WR/RDY 为高阻，数据输出也由高阻变为有效的数据端，当数据读出后，RD 变高，INT 返回高，数据输出端返回到高阻态；当 MODE 为高时，转换器为写读方式，WR/RDY 作为写间隔时间参考。当 CS 和 WR/RDY 为低时，转换器开始测量输入信号，大约 600 ns 后 WR/RDY 返回高，转换器完成转换。在写读方式中，WR/RDY 在上升沿开始转换。

高端 4 位闪速 ADC 同时对输入信号进行测量，其输出结果经高精密 4 位 DAC 产生离散模拟电压，经 1 s 延时后，低端转换器将其输入电平和高位 DAC 产生的离散模拟电压进行比较并产生不同的模拟信号数字转换，对每个转换结果进行 8 位锁存，在 RD 的下降沿输出到三态输出缓冲器中。

用 TLC0820 作模数转换，不需要外部振荡元件和时钟信号，外围电路简单，转换速度高，完成一次转换时间仅需 2.5 μs，同时，它很容易与微机接口。

5.2.2.2　距离 *L* 的采集

在该系统中对这一排光电管由中心向外编号依次是 1,2,…,16。电路设计成开关量输入，(0、1)由于在同一时刻只会有 1 个或相邻的 2 个二极管被激活，对这 16 个输入量进行编码，采用 74LS148，进行优先编码，例如，14 号二极管被激活，有输入则系统采集的输入数据为 00001110，12 号和 13 号二极管被激活则由于是优先编码高位有效，系统采集到的数据为 00001101。8 位 I/O 口可以编排 $2^8$＝256 个，今后根据实际可以进行扩展。对于两个输入数据采用 AT89S51 芯片进行控制采集和发送。如图 5-8 所示。

### 5.2.3　无线通信模块

无线收发模块是本系统通信实现的关键技术，由于无线信号受干扰的因素较多，所以该技术的可靠性，直接影响本系统工作的正常与否。因为本系统还处在一个研究开发阶段，为了缩短开发周期，降低开发成本，采用市场上已有的成

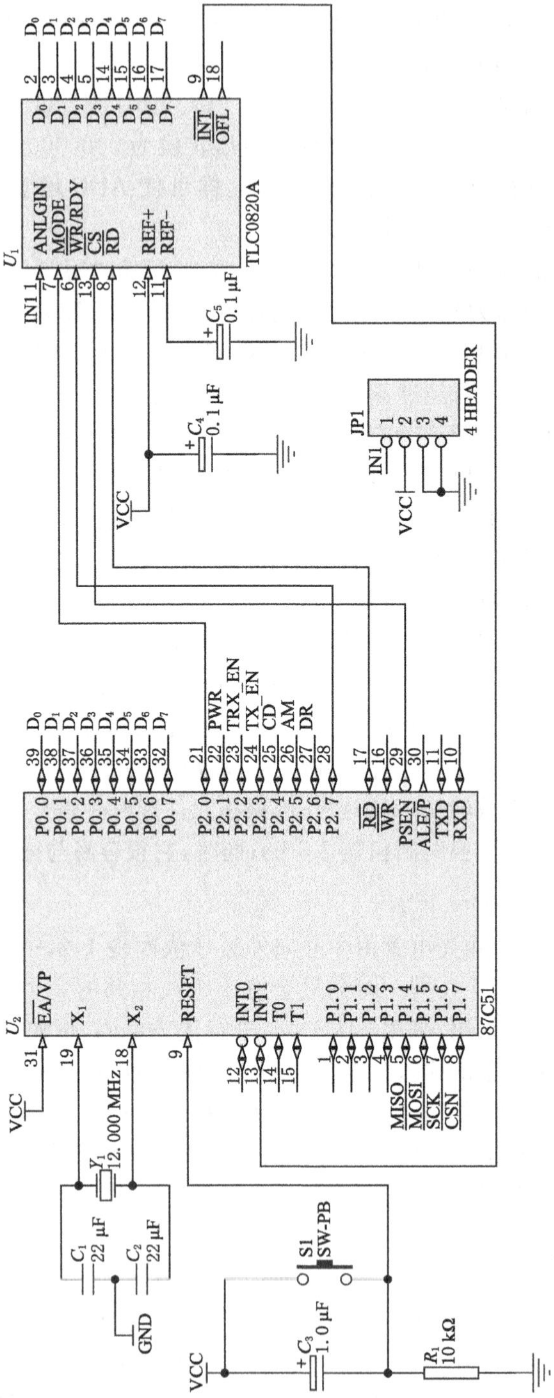


图5-7　AD转换器的连接接口电路图

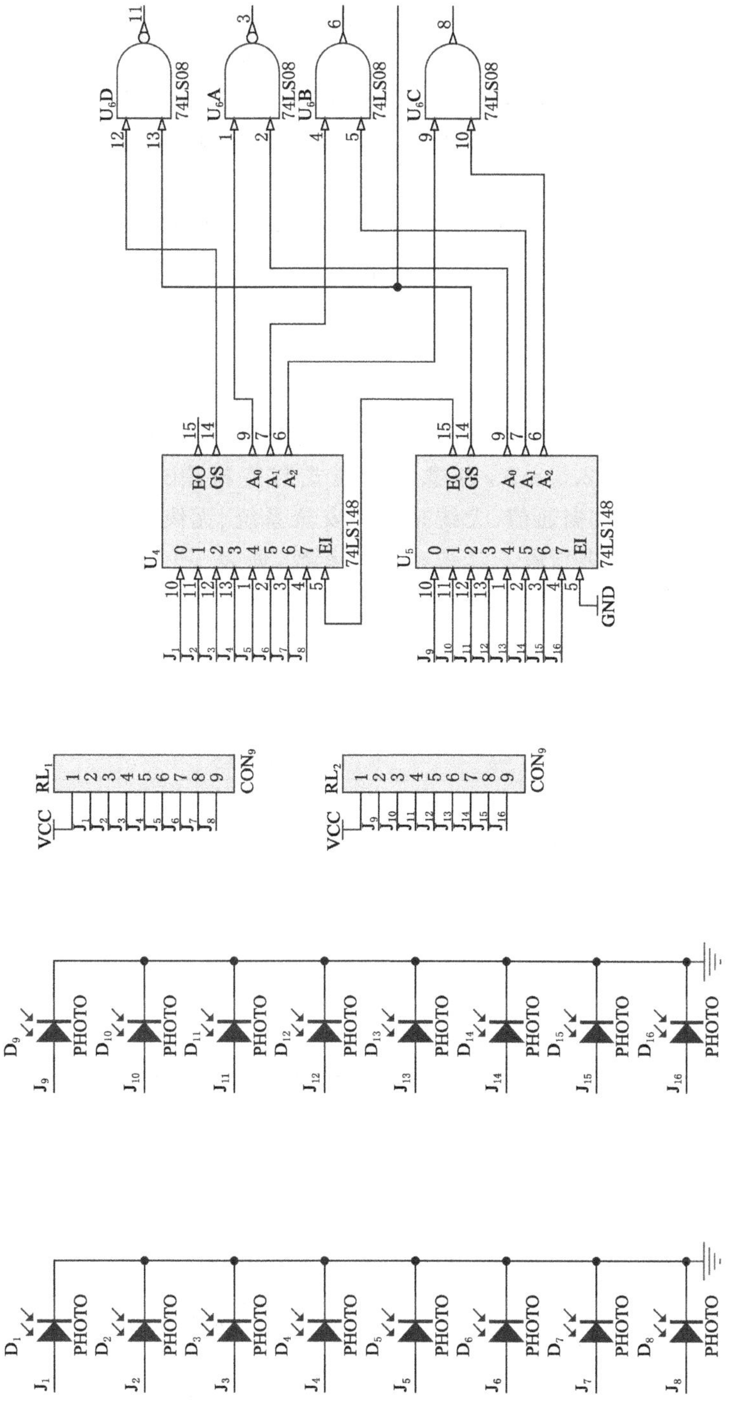


图5-8　光电管编码接口电路图

熟无线收发模块——哈尔滨讯通公司生产的嵌入式无线模块PTR8000作为系统的无线收发模块。它采用挪威NordicVLSIASA公司生产的射频芯片nRF905作为内核,天线接口设计为差分天线,具有430/868/915 MHz多频道多频段可供用户选择,最远传输距离1 000 m。其整个设计参数是公开的,便于对产品的升级改造。

PTR8000工作电压为1.9～3.6 V,32引脚QNF封装(5×5 mm),工作于433/868/915 MHz 3个ISM(工业、科学和医学)频道,频道之间的转换时间小于650 μs。nRF905由频率合成器、接收解调器、功率放大器、晶体振荡器和调制器组成,不需外加声表滤波器,ShockBurstTM工作模式,自动处理字头和CRC(循环冗余码校验),使用SPI接口与微控制器通信,配置非常方便。此外,其功耗非常低,以－10 dBm的输出功率发射时电流只有11 mA,工作于接收模式时的电流为12.5 mA,内建关机模式与待机模式,易于实现节能。nRF905适用于无线数据通信、无线报警及安全系统、无线开锁、无线监测、家庭自动化和玩具等诸多领域。其基本电气参数,如表5-1所示。管脚说明如表5-2所示。

**表5-1 基本电气参数**

| 参数 | 数值 | 单位 |
| --- | --- | --- |
| 工作电压 | 1.9～3.6 | V |
| 最大发射功率 | 10 | dBm |
| 最大数据传输率(曼彻斯特编码) | 100 | dBm |
| 输出功率为－10 dBm时工作电流 | 11 | mA |
| 接收模式时工作电流 | 12.5 | mA |
| 温度范围 | －40～＋8.5 | ℃ |
| 典型灵敏度 | －100 | dBm |
| 掉电模式时工作电流 | 2.5 | μA |

**表5-2 管脚说明**

| 管脚 | 名称 | 功能 | 说明 |
| --- | --- | --- | --- |
| Pin 1 | VCC | Power | Power supply (＋3 V DC) |
| Pin 2 | TX_EN | Digital input | TX_EN＝"1"为发射模式,TX_EN＝"0"为接收模式 |
| Pin 3 | TRX_CE | Digital input | 使能发射/接收模式(区别于配置模式) |
| Pin 4 | PWR | Digital input | Power up chip |

表 5-2(续)

| 管脚 | 名称 | 功能 | 说明 |
|---|---|---|---|
| Pin 5 | uPCLK | Clock output | Output clock，divided crystal oscillator full-swing clock |
| Pin 6 | CD | Digital output | 提供载波检测输出 t |
| Pin 7 | AM | Digital output | 地址匹配输出 |
| Pin 8 | DR | Digital output | 数据就绪输出 |
| Pin 9 | MISO | SPI-interface | SPI output |
| Pin 10 | MOSI | SPI-interface | SPI input |
| Pin 11 | SCK | SPI-Clock | SPI clock |
| Pin 12 | CSN | SPI-enable | SPI enable，active low |
| Pin 13 | GND | Power | 电源地 |
| Pin 14 | GND | Power | 电源地 |

PTR8000 的用户接口，如图 5-9 所示，由 10 个 I/O 口组成，按照工作可分为三组：模式控制、SPI 接口和状态输出。PTR8000 和 MCU 的接口电路如图 5-10 所示。

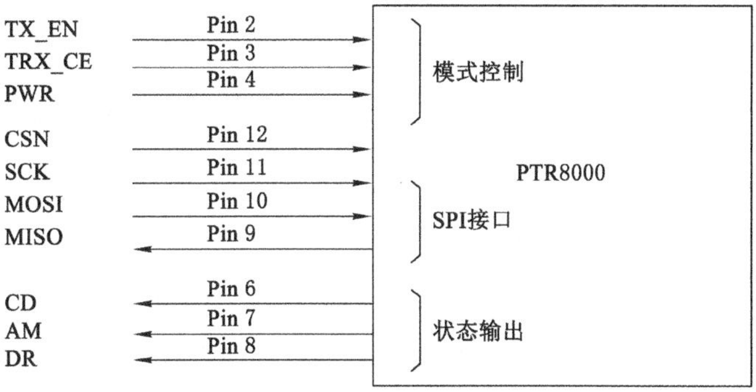


图 5-9　PTR8000 的硬件接口

PTR8000 有两种工作模式和两种节能模式。两种工作模式分别是 ShockBurstTM 接收模式和 ShockBurstTM 发送模式，两种节能模式分别是关机模式和待机模式。nRF905 的工作模式由 TRX_CE、TX_EN 和 PWR 三个引脚决定，如表 5-3 所示。

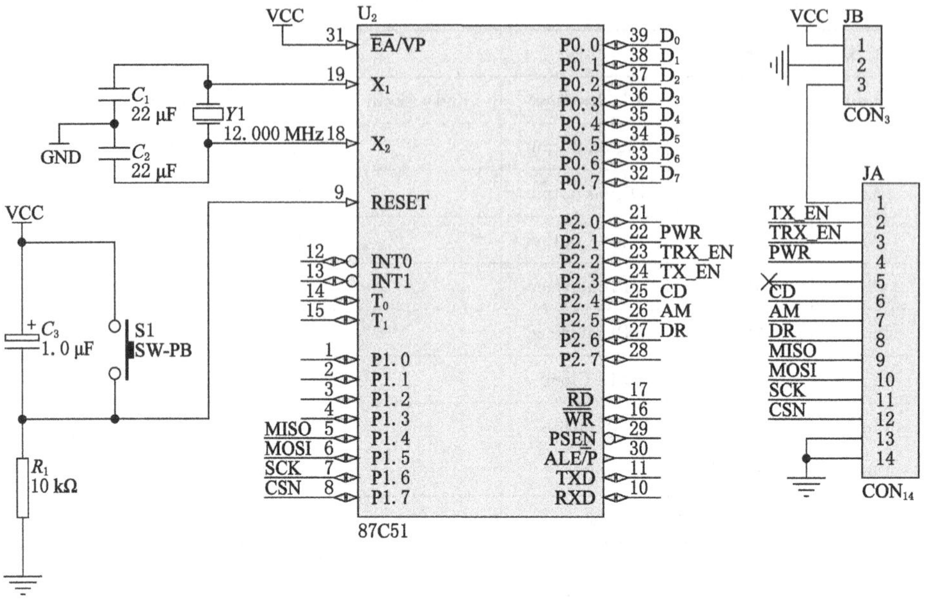


图 5-10　PTR8000 和 MCU 的接口电路

**表 5-3　工作模式**

| PWR | TRX_CE | TX_EN | 工作模式 |
|---|---|---|---|
| 0 | X | X | 掉电和 SPI 编程模式 |
| 1 | 0 | X | 待机和 SPI 编程模式 |
| 1 | 1 | 0 | 接收 |
| 1 | 1 | 1 | 发射 |

nRF905 采用 Nordic 公司的 VLSI ShockBurst 技术。ShockBurst 技术使 nRF905 能够提供高速的数据传输，而不需要昂贵的高速 MCU 来进行数据处理时钟覆盖。通过将与 RF 协议有关的高速信号处理放到芯片内，nRF905 提供给应用的微控制器一个 SPI 接口，速率由微控制器自己设定的接口速度决定。nRF905 通过 ShockBurst 工作模式在 RF 以最大速率进行连接时降低数字应用部分的速度来降低在应用中的平均电流消耗。在 ShockBurst RX 模式中，地址匹配（AM）和数据准备就绪（DR）信号通知 MCU 一个有效的地址和数据包已经各自接收完成。在 ShockBurst TX 模式中，nRF905 自动产生前导码和 CRC 校验码，数据准备就绪（DR）信号通知 MCU 数据传输已经完成。总之，这意味着降低 MCU 的存储器需求也就是说降低 MCU 成本，又同时缩短软件开发时间。

（1）典型 ShockBurst TX 模式

① 当应用 MCU 有遥控数据节点时，接收节点的地址 TX-address 和有效数据 TX-payload 通过 SPI 接口传送给 nRF905 应用协议或 MCU 设置接口速度。

② MCU 设置 TRX_CE、TX_EN 为高来激活 nRF905 ShockBurst 传输。

③ nRF905 ShockBurst：无线系统自动上电；数据包完成（加前导码和 CRC 校验码）；数据包发送（100 kbps，GFSK，曼彻斯特编码）。

④ 如果 AUTO_RETRAN 被设置为高 nRF905 将连续地发送数据包直到 TRX_CE 被设置为低。

⑤ 当 TRX_CE 被设置为低时，nRF905 结束数据传输并自动进入 standby 模式。

ShockBurst 工作模式确保一个传输包发送开始后，总是能够完成不管在发送过程中 TRX_CE，TX_EN 如何被设置。当发送结束后新的模式被激活。

（2）典型 ShockBurst RX 模式

① 通过设置 TRX_CE 高，TX_EN 低来选择 ShockBurst 模式；

② 650 μs 以后，nRF905 监测空中的信息；

③ 当 nRF905 发现和接收频率相同的载波时，载波检测 CD 被置高；

④ 当 nRF905 接收到有效的地址时，地址匹配 AM 被置高；

⑤ 当 nRF905 接收到有效的数据包（CRC 校验正确）时，nRF905 去掉前导码、地址和 CRC 位，数据准备就绪（DR）被置高；

⑥ MCU 设置 TRX_CE 为低，进入 standby 模式低电流模式；

⑦ MCU 可以以合适的速率通过 SPI 接口读出有效数据；

⑧ 当所有的有效数据被读出后，nRF905 将 AM 和 DR 置低；

⑨ nRF905 将准备进入 ShockBurst RX、ShockBurst TX 或 Powerdown 模式。

如果在引入数据当中 TRX_CE 或 TX_EN 的状态改变，nRF905 将立刻改变模式，并且数据包丢失。尽管如此，如果 MCU 已经感觉到 AM 信号，MCU 就知道 nRF905 正在接收数据，然后决定是等待 DR 信号还是改变模式。

### 5.2.4　RS-232 接口转换模块

无线通信模块与 PC 间的串口通信采用 MCU 和 RS-232 接口，如图 5-11 所示。三线 RS-232 接口实现单片机和计算机之间的通信。由于采用单片机与计算机之间进行通信前，相关时间序列和相应准备已经约定，所以当二者通信时，建立相应的连接并确认后，即可进行数据传输。

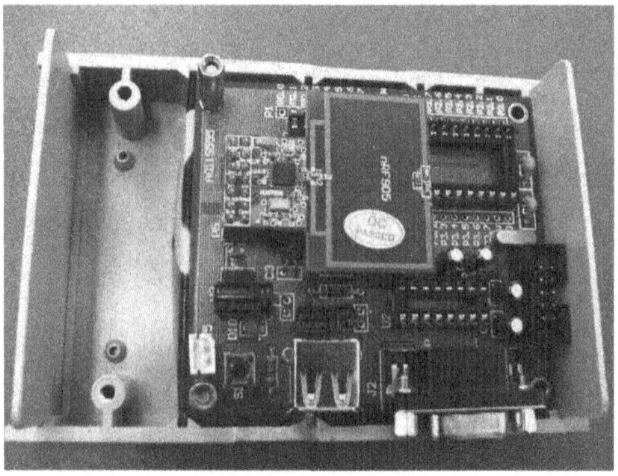

图 5-11 RS-232 接口转换模块

### 5.2.5 电压转换模块

元器件对加到输入引脚或输出引脚的电压通常是限制的。如果电压过高会损坏电路元件。nRF905 的电源为低压 3 V，数据采集传输模块的电压为 5 V，需要有一个输出稳定的 5 V 转 3 V 电压调节模块，在该系统中采用 LM1117 电压转换芯片，其具有低功耗体积小等优点。

通常单片机的 A/D 数据采集对于电源的要求高于其他数字电路对电源电压的要求。这是因为在 A/D 数据采集中，电源除了需要提供单片机的电源外，还需完成对 A/D 芯片的供电和提供电压采集的基准的设计。所以对 A/D 而言，需要在已有的电源基础上做 A/D 电源设计。

## 5.3 系统的软件设计

系统的软件分为单片机软件和上位机(PC)系统软件。

### 5.3.1 单片机程序设计

外部数据的采集采用中断方式，当有外部信号输入时，系统进入中断程序，从而采集外部输入数据，同时启动角度传感器，采集当时转盘的角度数据。然后把采集到的数据传送到无线通信模块发送至上位机，如图 5-12 所示。

本系统中 TLC0820 工作在只读方式。置 MODE 为低，转换器为只读方式。在这种方式中，WR/RDY 作为输出，并作为准备间隔的参考，如图 5-13 所示，当 CS 为低时，WR/RDY 亦为低，表明器件忙，转换器在 RD 的下降沿开始转换，经过

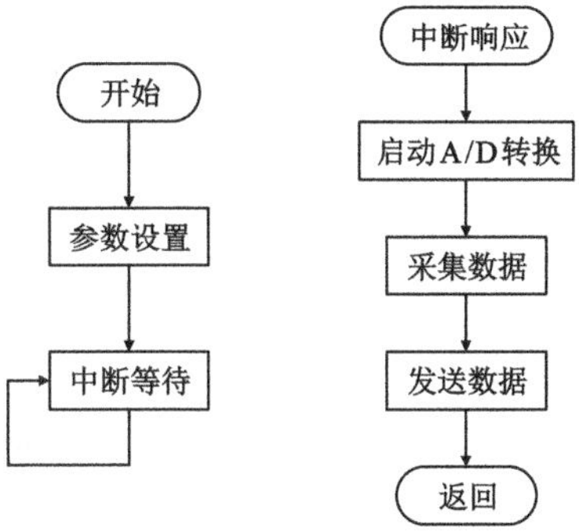


图 5-12　单片机工作流程

不到 2.5 μs 转换完成，此时 INT 下降，WR/RDY 为高阻，数据输出也由高阻变为有效的数据端，当数据读出后，RD 变高，INT 返回高，数据输出端返回到高阻态。

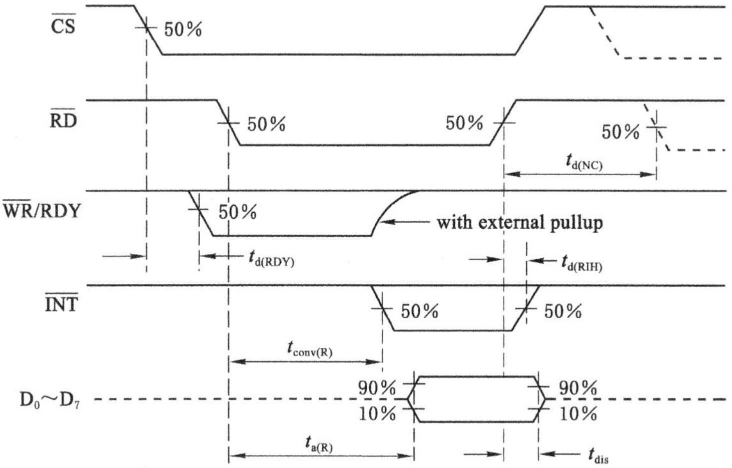


图 5-13　Read-Mode 时序图(MODE Low)

在系统工作时，激光束打在接收电路上系统有输入时，置 TLC0820 的 CS 为低保持工作状态等待开始转换信号的输入，接着置 RD 为低芯片开始转换，待 INT 由高变低时，控制芯片产生中断信号，进入中断程序读出 TLC0820 的数据，置 CS 为高，完成 1 次数据转换。

### 5.3.2　无线通信程序设计

当系统采集完数据后通过无线通信模块把数据传送给上位机。无线通信模块有其自有控制命令，如表 5-4 所示。

**表 5-4 SPI 串行接口指令**

| 指令名称 | 指令格式 | 操作 |
|---|---|---|
| W_CONFIG (WC) | 0000AAAA | 写配置寄存器 AAAA 指出写操作的开始字节；字节数量取决于 AAAA 指出的开始地址 |
| R_CONFIG (RC) | 0001AAAA | 读配置寄存器 AAAA 指出读操作的开始字节；字节数量取决于 AAAA 指出的开始地址 |
| W_TX_PAYLOAD (WTP) | 00100000 | 写 TX 有效数据 1～32 字节；写操作全部从字节 0 开始 |
| R_TX_PAYLOAD (RTP) | 00100001 | 读 TX 有效数据 1～32 字节；读操作全部从字节 0 开始 |
| W_TX_ADDRESS (WTA) | 00100010 | 写 TX 地址 1～4 字节；写操作全部从字节 0 开始 |
| R_TX_ADDRESS (RTA) | 00100011 | 读 TX 地址 1～4 字节；读操作全部从字节 0 开始 |
| R_RX_PAYLOAD (RRP) | 00100100 | 读 RX 有效数据 1～32 字节；读操作全部从字节 0 开始 |
| CHANNEL_CONFIG(CC) | 1000pphc cccccccc | 快速设置配置寄存器中 CH_NO，HFREQ_PLL 和 PA_PWR 的专用命令 CH_NO＝ccccccccHFREQ_PLL＝hPA_PWR＝pp |

该通信模块内置有寄存器 CPU 通过 SPI 接口来读写寄存器内容，寄存器控制着芯片发射频率，发送字节数、地址、CRC 模式、CRC 校验允许等参数。该寄存器共有 10 字节，表 5-5 列出了本系统所选用的参数。

**表 5-5 寄存器内容**

| RF-Configuration-Register( R/W) | | | |
|---|---|---|---|
| 字节＃ | 内容位[7 0] MSB＝BIT[7] | 初始化值 | 选用值 |
| 0 | Bit[7 0] | 0110_1100 | 0110_1011 |
| 1 | Bit[7:6]未使用 AUTO_RETRAN，RX_RED_PWR，PA_PWR[1:0]，HFREQ_PLL，CH_NO[8] | 0000_0000 | 0000_0000 |
| 2 | Bit[7]未使用，TX_AFW[2:0]，Bit[3] 未使用，RX_AFW[2:0] | 0100_0100 | 0100_0100 |
| 3 | Bit[7:6]未使用 RX_PWR[5:0] | 0010_0000 | 0010_0000 |
| 4 | Bit[7:6]未使用 TX_PWR[5:0] | 0010_0000 | 0010_0000 |
| 5 | RX 地址 0 字节 | E7 | E7 |
| 6 | RX 地址 1 字节 | E7 | E7 |
| 7 | RX 地址 2 字节 | E7 | E7 |
| 8 | RX 地址 3 字节 | E7 | E7 |
| 9 | CRC_模式，CRC 校验允许，XOF[2:0]，UP_CLK_EN，UP_CLK_FREQ[1:0] | 1110_0111 | 1110_0111 |

当单片机完成 1 次数据采集后，通过 SPI 接口，按时序向基于 nRF905 芯片制作的集成模块 PTR8000 传送接收节点的地址（TX-address）和有效数据（TX-payload），nRF905 转到发送模式，数据打包完成（加前导码和 CRC 校验码），完成数据发送，nRF905 转到待机模式。当有数据要接收时，nRF905 进入接收模式，当发现和接收频率相同的载波时，开始检测载波，检测到地址匹配，且 CRC 效验正确后，nRF905 自动去掉前导码、地址和 CRC 效验位。单片机以合适的速率通过 SPI 口读出数据，完成数据接收全过程。为保证系统数据的实时性与准确性，将发送接收数据设置为中断方式。而 PTR8000 模块内置完整的通信协议和 CRC，无须在程序数据前加入校验码，只需在地址数据后加入需要传输的数据，PTR8000 模块将自动完成对数据的打包，如图 5-14 所示。

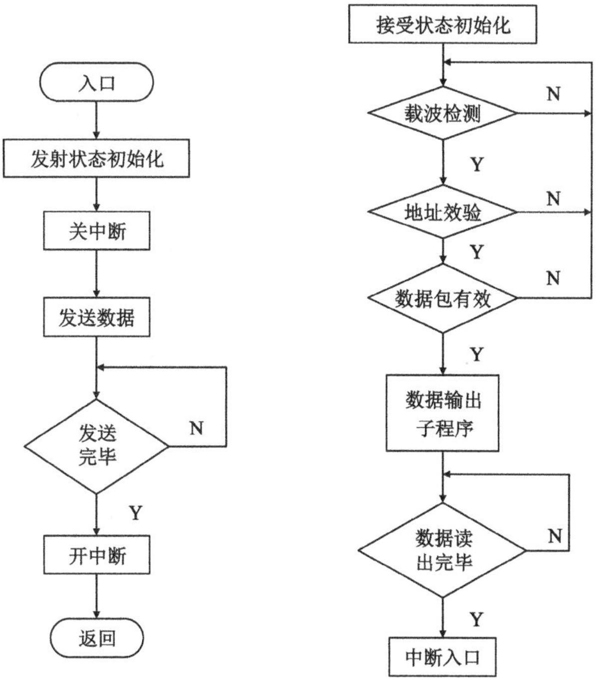


（a）数据发送子程序　　（b）数据接收子程序

图 5-14　无线通信流程

## 5.4　上位机程序

对系统进行测试时，采用 PC 机接收存储系统传送过来的数据，并对数据分析，然后对系统进行调试改进。

在 PC 机中采用 Visual Basic(VB)编写通信程序和界面。VB 支持面向对象的程序设计，具有结构化的事件驱动编程模式，而且可以简单地做出良好的人机界面。利用通信控件 MSCOMM 编制通信软件[74-75]。PC 与 MCU 间通信流程如图 5-15 所示。

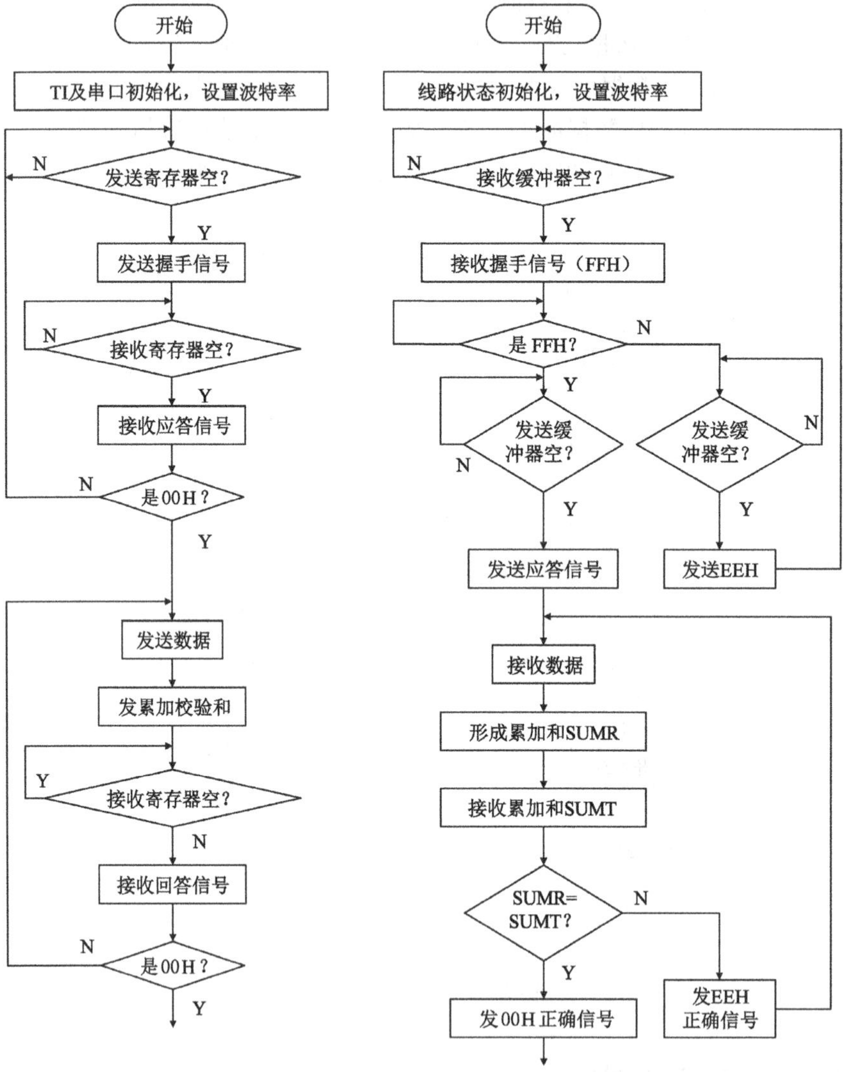


(a) 数据发送子程序　　(b) 数据接收子程序

图 5-15　PC 与 MCU 间通信流程

# 5.5　光电系统实验与结果分析

对系统的测试有两个部分，一个为数据采集模块所采集数据的准确性和稳定性，一个是无线通信模块的数据传送的能力。

## 5.5.1　无线数据传输测试

无线通信模块的测试为固定时间间隔传送固定数值，先以 50 m 距离开始测试，之后每回增加 50 m 进行测试直到数据接收的准确性开始降低后，每回增加由 50 m 变为 10 m 进行测试直至数据准确性降低到 10% 以下。每个测试点传送 1 000 个数据，每秒钟 5 个。每次传送 1 字节即 8 位数据，数据为 8AH，数据接收软件对话框如图 5-16 所示。测试进行 2 次，1 次在空旷地带进行，另一次在建筑楼群中进行，测试结果如图 5-17 所示。

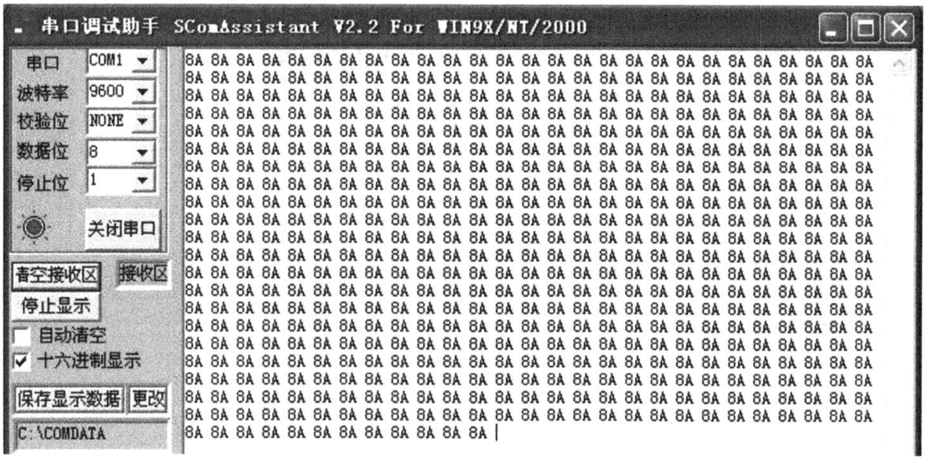


图 5-16　无线通信测试中 1 次所接收到的数据

## 5.5.2　数据采集模块测试

静态测试：光点就直向单一坐标不动，光电靶转动，测试转速对该系统的影响。光电靶与主机间距离 10 m 以内，由于前面测试的 100 m 以内无线通信数据传输的正确率在 100% ，所以认为无线通信对于数据包没有影响。如表 5-6 和图 5-18 所示。

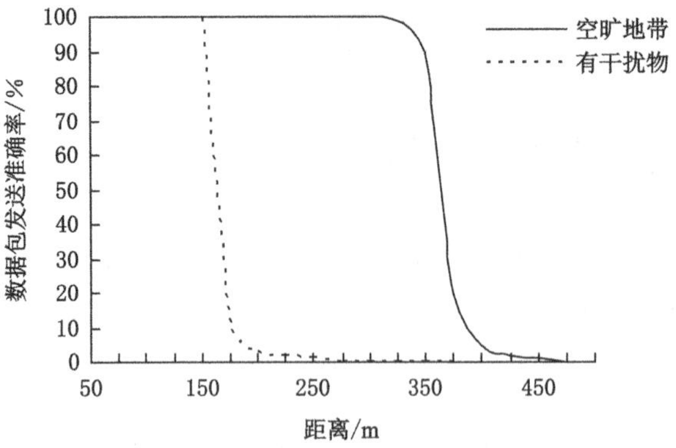


图 5-17　无线通信能力测试结果

**表 5-6　在不同转速下采集数据的正确率**

| 转速/(r·s$^{-1}$) | 10～20 | 24 | 28 | 24 | 28 | 32 | 36 | 40 |
|---|---|---|---|---|---|---|---|---|
| 数据准确率/% | 100 | 99.5 | 90.2 | 99.5 | 90.2 | 11.6 | 3.2 | 0 |

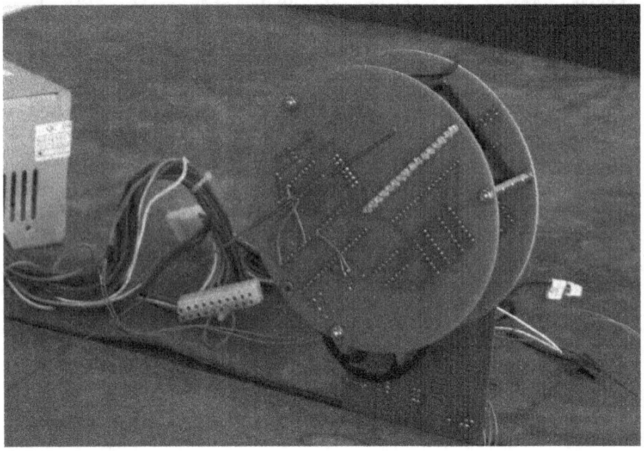

图 5-18　激光打靶试验

动态测试:如图 5-19 所示,靶盘以小于 20 r/s 的速度转动,激光沿着图示直线运动。由于在静态测试中,知道靶盘以小于 20 r/s 的速度转动时,其系统工作稳定,采集到的数据准确率 100% 。且无线数据传输距离 10 m 以内,则无线通信对于数据包无影响。在这种状态下测试光电靶误差率的大小。

以光电靶的靶心为圆点建立坐标系,如图 5-20 所示,水平向右为 $X$ 轴方向，竖直向上为 $Y$ 轴方向。该光电靶在动态测试时，激光束移动路径为一条水平直线，靶心到该直线的距离为 32 mm，即直线为 $y=32$。把光电靶所采集到的数据转换成直角坐标表示出来，如图 5-21 所示。

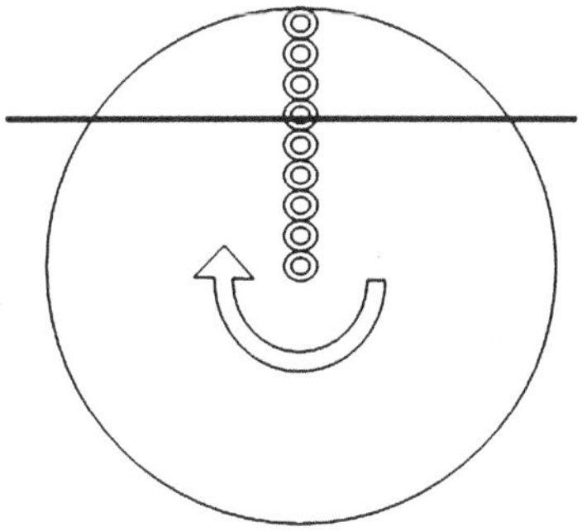

图 5-19　激光点路径

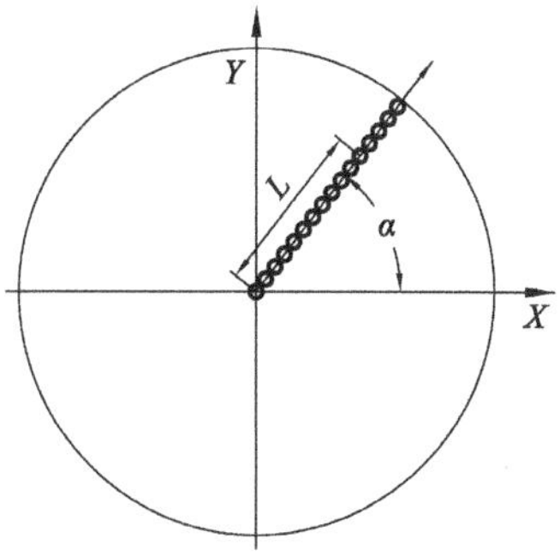


图 5-20　靶盘坐标系

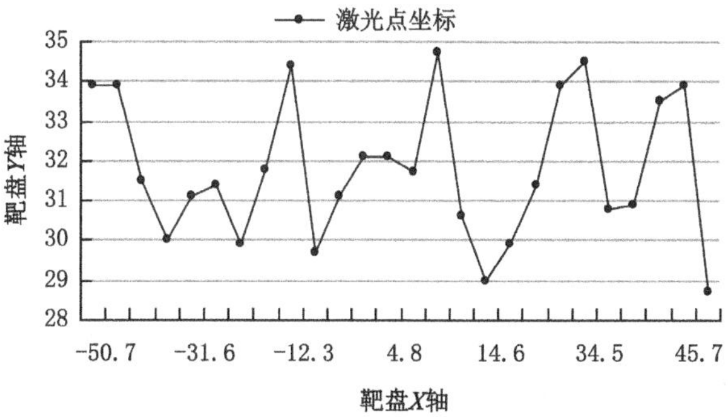


图 5-21　动态测试数据

该光电靶所采集到的数据有两个为激光点的极坐标($p$,$\theta$)，他们的精度分别是 $p$ 为±5 mm，$\theta$ 为±1.4°，在靶盘最外圈精度最低弧长变化为±1.5 mm，转换成直角坐标，则靶盘 $Y$ 向的精度最低为±5 mm。只要所测得的数据在 27 至 37 之间，均为有效数据。

### 5.5.3　实验结果分析

通过以上实验，可以得到如下结果：

(1) 靶盘的旋转速度对数据的准确性有影响，当靶盘转度大于 20 r/s 时，采集数据的准确性降低；当靶盘转速达到 40 r/s 时，系统几乎采集不到正确的数据。经过分析认为是由于光敏二极管被激光束激活的响应时间大于激光照射时间造成的，当靶盘转速过高，就使得光敏二极管尚未被激活，激光照射就已经结束，所以系统无法采集到正确的数据，这就对光电靶的转速有一定的要求。可以通过以下方式提高靶盘的转速限制：

① 选用响应时间更短的二极管或三极管；

② 提高二极管两端电压；

③ 提高激光束的强度，或选用波长对于光敏二极管响应速度更快的激光发射器。

(2) 在系统实验过程中发现太阳光对数据采集的影响比较大，当有太阳光直射在光电靶上的时候，系统采集数据的错误率明显增加。若降低太阳光对系统的影响，可以采用如下方法：

① 降低光敏二极管电路的敏感度；

② 降低电路中的电阻值；

③ 换用红外光敏二极管。

(3) 在动态测试中，系统采集到的数据均在有效误差范围内。当系统长时间采集大量数据时，会出现个别远离数据群体的数据，经分析均为无效数据，即系统在数据采集和传输的过程中产生的错误数据，经统计发现错误数据出现的概率低于 0.1%，故可以通过数据的连续耦合而将其排除。

## 5.6 本章小结

本章主要研究了机械手的光电定位系统，设计并制作出了光电定位靶和无线通信模块；编写了该定位系统数据采集部分与数据传输部分的程序，实现了机械手所需数据的采集和无线传输；对该光电定位系统进行了实验测试，验证了该光电定位系统的可行性。

# 第 6 章　管道施工机械手的控制策略研究

## 6.1　引言

机器人是一个十分复杂的多输入、多输出的非线性系统，它具有时变、强耦合和非线性的动力学特征，其控制是十分复杂的。由于测量和建模的不精确，以及受到负载的变化和外部扰动的影响，往往得不到机器人准确、完整的运动模型。现代工业的快速发展需要高品质的机器人产品为之服务，而高品质机器人控制必须综合考虑各种不确定性因素的影响，因此研究不确定性机器人的鲁棒控制问题具有十分重要的理论和实践意义。

机器人具有高度非线性、强耦合性和时变性的动力学特性，很难建立其精确的动力学模型。为了满足其对运动控制精度高的要求，目前已经提出了许多新的控制方法，如计算力矩法[84-87]、自适应控制[88-91]、变结构控制[92-95]以及迭代学习控制[96-98]等。

目前针对管道施工机械手的控制方法一般采用简单的位置控制，并且还采用人工操作。考虑到管道施工机械手在铺设管道过程中随着所握持水泥管节的姿态和机械手自身位姿的变化对机械手系统的影响，传统的跟踪控制和抗干扰控制已不能满足机械手运动的稳定性和抗干扰性要求。本书利用 RBF(Radial Basis Fuction，径向基函数)模糊神经网络设计了机械手的关节控制器，采用一种改进的遗传算法对隶属函数和模糊控制规则进行优化，并对控制算法进行了仿真实验。

## 6.2　机器人控制概况

机器人是一个多自由度、结构复杂的系统，为了使机器人完成各种复杂的作业任务和适应各种工作要求与环境的变化，其控制系统也是十分复杂的。其负载、惯量、重心随时都可能发生变化。不仅要考虑运动学关系,还要考虑动力学因素,如惯性力、哥氏力、向心力等,其模型是强非线性的,工作环境又是可变的,使得机器人控制系统的精确实现有一定的难度。也就是说随着机器人所处状态的不同和外力的变化,其参数也在变化,而且控制对象通常还存在着许多无法用数学模型精确描述的不确定性,主要包括:不确定的外部干扰和模型误差。具体而言,机器人的实际系统很难得到精确的数学模型,同时在建模时忽略的不确定因素,都是引起模型误差的原因。另外:机器人装置中存在的各种干扰信号也往往不是单一的可检测信号。因此,设计实际的机器人动态控制系统时,必须考虑这些不确定因素对控制品质的影响。如果忽视了这些不确定性,那么预期的性能品质就有可能得不到实现。

### 6.2.1 机器人动态控制问题

机器人的动态控制问题就是要使机器人的各关节或末端执行器位置能够以理想的动态配置跟踪给定的轨迹或稳定在指定的位置上。机器人动态控制的目的有两个,一个是如何实现闭环误差系统的稳定,使轨迹跟踪误差尽快趋于零;另一个是如何抑制干扰,尽可能地减小干扰信号对跟踪精度的影响。从当前已有的机器人系统看,大部分机械手的驱动器都是对各关节施加力或力矩。对于具有多个自由度的多关节机器人来说,每个关节的驱动力矩都由伺服控制器根据各个关节的期望轨迹并按照一定的控制算法给定。由于机器人固有的动态特性,所以为了使各个关节能够以理想的动态性能跟踪期望轨迹,伺服控制系统必须采用反馈结构,而反馈伺服系统的参考输入信号,就是由监控系统根据上位计算机的操作指令而生成的期望轨迹。下面针对最简单的二自由度机械臂的控制系统做简要分析。

图 6-1 是谷歌公司的 GRB-200 二自由度工业机械臂的示意图,由电机给出的驱动力矩 $\tau_1$、$\tau_2$ 分别作用在两个连杆上,$\theta_1$、$\theta_2$ 为连杆在驱动力矩 $\tau_1$、$\tau_2$ 作用下转过的角度。假设要求机械臂的末端沿曲线 $AB$ 运动,那么端点的期望运动轨迹可以由平面坐标系中的 $x_{\mathrm{d}}$、$y_{\mathrm{d}}$ 来表示。由于伺服系统需要以 $\theta_1$、$\theta_2$ 的期望值作为参考输入,所以必须将期望轨迹的 $x_{\mathrm{d}}$、$y_{\mathrm{d}}$ 坐标变换为各个关节转角的期望值 $\theta_{\mathrm{d1}}$、$\theta_{\mathrm{d2}}$。

图 6-2 说明了二自由度机械臂控制系统的框图。由图可见,各关节的控制环并不是完全独立的,相互之间存在耦合。尤其当关节数量增加以后,这种耦合关系使得机器人呈现出严重的非线性特性,给机器人的动态控制带来了不便。

### 6.2.2 机器人动态控制方法简介

对于机器人这样一个强非线性的控制系统,在建模时忽略了高频特性、各关

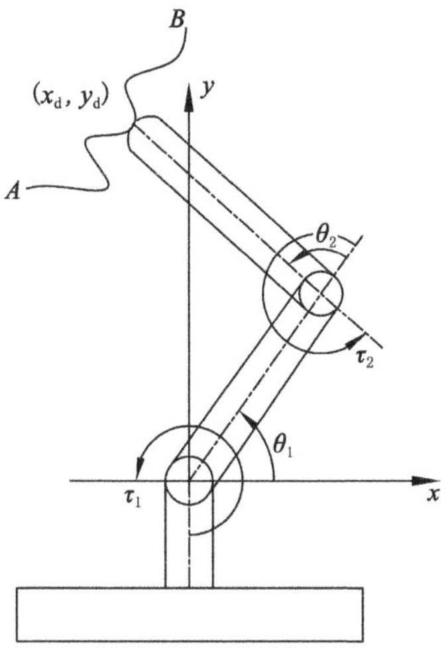


图 6-1　二自由度机械臂示意图

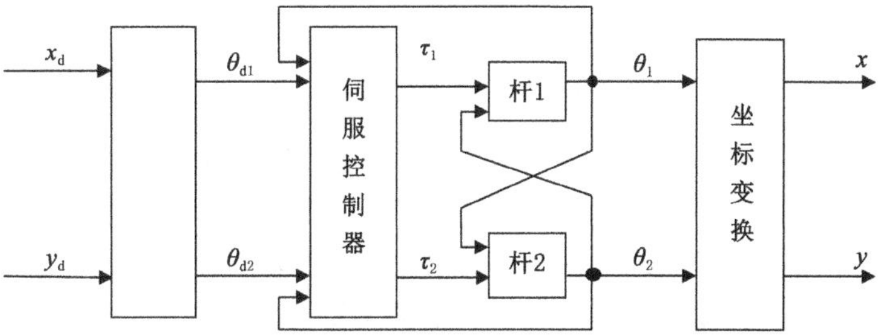


图 6-2　二自由度机械臂控制系统框图

节的摩擦以及信号的检测误差等不确定性因素。因此，在实际设计机器人动态控制系统时，必须考虑这些不确定性因素对控制品质的影响。

经典控制理论并不要求被控对象的精确数学模型，主要设计方法是基于现场测得的被控对象的频率特性曲线来设定串并联补偿器的参数初值，然后根据现场反复调试来确定满足要求的控制器参数。但它并没有能够给出用解析的手段设计控制器的有效方法。以最优控制理论为代表的近代线性控制理论，则完全依赖于严谨的数学结构和对设计指标明确的描述方式，为控制工程实践提供了解析的设计手段[99]。在机器人技术三十多年的发展过程中，现代控制理论所能提供的几乎所有的控制方法都在机器人上作过尝试。其中，应用最普遍的是PID(Proportion Integration Differention，比例积分微分)或 PD(Proportion Differention，比例微分)控制器。PD控制器结构简单，根据位置跟踪误差和速度跟踪误差乘以相应的静态增益来确定控制量。但是，它要求用于设计的数学模型精确地描述被控对象的动态过程，在设计过程中并没有考虑模型的误差，从而限制了这种解析设计方法的应用。弥补这种不足的有效手段就是在系统的设计阶段考虑被控对象中存在的各种不确定性因素，即基于不确定的非线性模型设计控制器。早在20世纪六七十年代，英国学者一直主张完善和扩展经典的基于频率特性的设计理论[100-102]，以改变控制理论过于数学化而脱离实际的现象。后来加拿大学者和美国学者明确提出在设计阶段考虑数学模型和实际对象之间的误差[103-104]，1989年提出了$H_{\infty}$鲁棒控制理论体系[105-106]。近年来，人工神经网络理论以其独特的优点引起了包括机器人领域在内的研究者们的极大兴趣。与传统的控制方法与策略有所不同的是，由于神经网络源于脑神经的模拟，具有很强的适应于复杂环境和多目标控制要求的自学习能力，并具有以任意精度逼近任意非线性连续函数的特性，因此为解决这类问题提供了一条崭新的途径。

针对数学模型的不确定性，目前机器人控制技术主要可分为四类：自适应控制、变结构控制、现代鲁棒控制和智能控制。

#### 6.2.2.1 自适应控制(Adaptive Control)

自适应控制假设机器人的动态特性可以用一组未知参数的线性关系来表示，通过采用自适应算法在线估计未知参数，并根据其估计值随时修改控制策略，使得实际的闭环系统满足性能要求。在以往的研究中，应用于机器人动态控制的AC主要由一个PD调节器和一个基于模型的前馈补偿器组成[107-108]。

AC中的前馈项中采用了自适应算法，在参数不确定的情况下，能够实现较好的跟踪性能，但精确的跟踪性能来自对未知参数的准确估计和高增益的反馈。对参数的估计需要进行冗长的计算，这使得AC只能应用于参数变化缓慢、机器人的关节较少的情况。高增益逆反馈也有两个缺点：首先，它容易引起机械振荡；其次，增益的调节需要经验。

#### 6.2.2.2 变结构控制(Variable Structure Control)

变结构控制的基本思想是在误差系统的状态空间中，找到一个超平面，使得超平面内的所有轨迹都收敛于零。然后，通过不断切换控制器的结构，使得误差系统的状态能够到达该平面，进而沿该平面滑向原点[109]。鲁棒性好是变结构控制的一个重要优点，这主要表现在滑模运动方程对于扰动的不变性，而且只要正确选择了足够大的控制信号，在任何扰动下，状态轨迹从任何一个初始状态出发，都能可靠地到达滑模。正是基于这个优点，滑模变结构控制的方法可较好地用于机器人的控制，它们在抗干扰能力以及克服抖振现象等方面都要比单独的自适应方法和变结构控制方法强[110]。

#### 6.2.2.3　现代鲁棒控制(Robust Control)

鲁棒控制基于不确定性的描述参数和标称系统的数学模型来设计控制器。这类控制器的设计问题在现代控制理论中被称为 $L_2$ 或 $H_\infty$ 标准设计问题，并且已经给出了比较圆满的设计手段。该控制方法无须自适应算法，无须冗长的计算，运算速度快，实时性好。但是鲁棒控制器的暂态性能不是很好，而且在设计鲁棒控制器时，系统的不确定性必须属于一个可描述集，比如增益有界，且上界已知等等。这使得鲁棒控制的应用受到了限制，假如不确定性超出假设范围，系统将发散[111-112]。

在机器人控制中，鲁棒控制与自适应控制、变结构控制互相结合发挥各自优势。有学者研究了刚性机器人操作手的鲁棒自适应跟踪控制[112]，该方法结合了自适应与鲁棒控制方法两者的优点，提高了系统的控制性能。鲁棒自适应方法一般以自适应控制补偿参数不确定性，鲁棒控制补偿非参数不确定性。鲁棒自适应控制对控制器实时性能的要求比较严格，它更适用于具有反复性的、持续时间长的操作任务。樊晓平等研究了受限机器人臂的鲁棒变结构混合位置/力控制问题[113]，采用鲁棒变结构控制策略对控制方案进行修正，以改善该柔性机器人系统的鲁棒性，控制机器人终端执行器的位置和接触力，通过引入变结构鲁棒控制，可确保输出跟踪误差在有限时间内收敛到零。

#### 6.2.2.4　智能控制(Intelligent Control)

由于经典控制方法和现代控制方法在控制机器人这种复杂系统时所表现的种种不足。近年来，越来越多的学者开始将智能控制方法引入机器人控制，实现机器人控制的智能化。主要的控制方法有：模糊控制[114-116]，神经网络控制[117-118]等等。对于复杂的环境和复杂的任务，如何将人工智能技术中较少依赖模型的求解方法与常规的控制方法来结合，正是智能控制所要解决的问题。因此，智能控制系统必须具有模拟人类学习和自适应、自组织的能力，这就要求智能控制系统要具有以下基本特点：

① 能对复杂系统(如非线性、时变性、多变量耦合性、环境扰动性等)进行有效的全局控制，并具有较强的容错能力；

② 能实现定性决策和定量控制相结合的多模态组合控制；

③ 能从系统功能和整体优化的角度来分析和综合系统，以实现预定的目标，并应具有自组织能力；

④ 同时具有以知识表示的非数学模型和以数学模型表示的混合控制过程。

人的知识在控制中起着重要的协调作用，系统在信息处理时既要有数学运算，又要有逻辑和推理能力。例如智能机器人系统在完成复杂的任务时要具有自行规划和决策的能力，有自动躲避障碍运动到期望目标位置的能力等等。采用智能控制方法往往可以较好地解决机器人非线性系统的控制问题和复杂作业任务的控制问题。现代智能控制技术的进步，为机器人技术的发展尤其是智能机器人技术的研究与发展提供了可能。

## 6.3 管道施工机械手的控制算法

管道施工机械手是一个高度非线性，强耦合的动力学系统，接下来本书将在对其非线性动力学分析的基础上提出区别于传统控制算法的模糊神经网络控制策略。

### 6.3.1 机械手非线性动力学特性分析

根据第 2 章的分析得到了管道施工机械手的动力学方程，如下：

$$
\begin{aligned}
\tau_1 &= (m_2+m_3+m_4+m_5)\ddot{d}_1+(m_2+m_3+m_4+m_5)g \\
\tau_2 &= [(\frac{4}{3}b^4 l\rho s_5^2+\frac{1}{3}b^2 l^3\rho c_5^2+\frac{4}{3}b^4 l\rho+l_2^2 m^5)+(m_3+m_4+m_5)d_3^2]\ddot{\theta}_2+ \\
&\quad [2l_2 m_5\dot{d}_4+2(m_3+m_4+m_5)d_3\dot{d}_3]\dot{\theta}_2+2l_2 m_5 d_3\dot{\theta}_2^2+ \\
&\quad (\frac{8}{3}b^4 l\rho-\frac{2}{3}b^2 l^3\rho)s_5 c_5\dot{\theta}_2\dot{\theta}_5+l_2 m_5\ddot{d}_3-(m_4+m_5)d_3\ddot{d}_4 \\
\tau_3 &= l_2 m_5\ddot{\theta}_2+(m_3+m_5+m_4)d_3\dot{\theta}_2^2+2(m_4+m_5)\dot{d}_4\dot{\theta}_2+(m_3+m_4+m_5)\ddot{d}_3 \\
\tau_4 &= -d_3(m_4+m_5)\ddot{\theta}_2-l_2 m_5\dot{\theta}_2^2-2(m_4+m_5)\dot{d}_3\dot{\theta}_2+(m_4+m_5)\ddot{d}_4 \\
\tau_5 &= (\frac{1}{3}b^2 l^3\rho-\frac{4}{3}b^4 l\rho)s_5 c_5\dot{\theta}_2^2+(\frac{1}{3}b^2 l^3\rho+\frac{4}{3}b^4 l\rho)\ddot{\theta}_5
\end{aligned}
\tag{6-1}
$$

上式中参数较多，作如下简化，设：

$a_1=(m_2+m_3+m_4+m_5)$；$a_2=(m_3+m_4+m_5)$；$a_3=(m_4+m_5)$；$b_1=\frac{4}{3}b^4 l\rho$；$b_2=\frac{1}{3}b^2 l^3\rho$。

将上述参数带入式(6-1)中，得到简化后的动力学方程：

$$\tau_1=a_1\ddot{d}_1+a_1 g$$

$$
\begin{aligned}
\tau_2 &= (b_1 s_5^2+b_2 c_5^2+b_2+l_2^2 m^5+a_2 d_3^2)\ddot{\theta}_2+l_2 m_5\ddot{d}_3-a_3 d_3\ddot{d}_4+2l_2 m_5\dot{\theta}_2\dot{d}_4+ \\
&\quad 2a_2 d_3\dot{d}_3\dot{\theta}_2+2l_2 m_5 d_3\dot{\theta}_2^2+(-2b_1-2b_2)s_5 c_5\dot{\theta}_2\dot{\theta}_5
\end{aligned}
$$

$$\tau_3 = l_2 m_5 \ddot{\theta}_2 + a_2 \ddot{d}_3 + a_2 d_3 \dot{\theta}_2^2 + 2a_3 \dot{d}_4 \dot{\theta}_2$$

$$\tau_4 = -a_3 d_3 \ddot{\theta}_2 + a_3 \ddot{d}_4 - 2a_3 \dot{d}_3 \dot{\theta}_2 - l_2 m_5 \dot{\theta}_2^2$$

$$\tau_5 = (b_2 - b_1)\ddot{\theta}_5 + (b_2 + b_1) s_5 c_5 \dot{\theta}_2^2 \tag{6-2}$$

将简化后的动力学方程写成如下形式：

$$\tau = \boldsymbol{D}(\boldsymbol{q})\ddot{\boldsymbol{q}} + \boldsymbol{H}(\boldsymbol{q}, \dot{\boldsymbol{q}}) + \boldsymbol{C}(\boldsymbol{q}) \tag{6-3}$$

式中　$\boldsymbol{q}$——关节变量，$q=(d_1, \theta_2, d_3, d_4, \theta_5)$；

$\dot{\boldsymbol{q}}$——关节速度矢量，$\dot{q}=(\dot{d}_1, \dot{\theta}_2, \dot{d}_3, \dot{d}_4, \dot{\theta}_5)$；

$\ddot{\boldsymbol{q}}$——关节加速度矢量，$\ddot{q}=(\ddot{d}_1, \ddot{\theta}_2, \ddot{d}_3, \ddot{d}_4, \ddot{\theta}_5)$。

$\boldsymbol{D}(\boldsymbol{q})$是与加速度相关的 5×5 对称矩阵，具体表达式如下：

$$\boldsymbol{D}(\boldsymbol{q}) = \begin{bmatrix} D_{11} & D_{12} & D_{13} & D_{14} & D_{15} \\ D_{12} & D_{22} & D_{23} & D_{24} & D_{25} \\ D_{13} & D_{23} & D_{33} & D_{34} & D_{35} \\ D_{14} & D_{24} & D_{34} & D_{44} & D_{45} \\ D_{15} & D_{25} & D_{35} & D_{45} & D_{55} \end{bmatrix} \tag{6-4}$$

式中：$D_{11}=a_1$，$D_{22}=b_1 s_5^2 + b_2 c_5^2 + b_2 + l_2^2 m^5 + a_2 d_3^2$，$D_{23}=l_2 m_5$，$D_{24}=-a_3 d_3$，$D_{33}=a_2$，$D_{44}=a_3$，$D_{55}=b_2-b_1$。

其余各项均为零。

$\boldsymbol{H}(\boldsymbol{q}, \dot{\boldsymbol{q}})$是科氏力和向心力矢量，它的元素为：

$$\boldsymbol{H}(\boldsymbol{q}, \dot{\boldsymbol{q}}) = (H_1, H_2, H_3, H_4, H_5)^{\mathrm{T}}$$

$$H_i = \sum_{j=1}^{5} \sum_{k=1}^{5} H_{ijk} \dot{q}_j \dot{q}_k \quad i=1,\cdots,5 \tag{6-5}$$

式中：$H_{223}=2a_2 d_3$，$H_{224}=2l_2 m_5$，$H_{225}=-2(b_1+b_2)s_5 c_5$，$H_{222}=2l_2 m_5 d_3$，$H_{322}=a_2 d_3$，$H_{324}=2a_3$，$H_{422}=-l_2 m_5$，$H_{423}=-2a_3$，$H_{522}=(b_1+b_2)s_5 c_5$，其余各项均为零。

$\boldsymbol{C}(\boldsymbol{q})$项为重力项：

$$\boldsymbol{C}(\boldsymbol{q}) = (C_1, C_2, C_3, C_4, C_5) \tag{6-6}$$

$C_1=a_1 g$，其余各项均为零。

从以上的机械手动力学分析中可以看出，该机械手动力学模型具有如下特点：

(1) 耦合性

如关节变量 $\theta_2$ 的加速度项 $D_{22}$中，不仅包含有关节变量 $d_3$，还包含有关节

变量 $\theta_5$，可见各个变量之间相互影响，具有高度耦合性。

(2) 非线性

在动力学方程中，不论是加速度项，还是科氏力和向心力项中均包含有平方项、三角函数项等非线性因素。

(3) 模型不确定性

动力学建模所引起的建模误差，机械手对接管道时由于管节直径变化引起的负载变化，管节之间的摩擦力变化等因素都导致了机械手动力学模型的不确定性。

(4) 动力学方程中包含的项目多且复杂

动力学方程中不仅包含上述分析的加速度项、科氏力项、向心力项和重力项，还包含有未知的摩擦力项等，各项之间相互关联，计算复杂。

由此可见，管道施工机械手是一个复杂的非线性、强耦合、多变量的动态系统，且存在有诸如摩擦、冲击、负载变化等不确定性因素，传统的控制方案已经无法满足其控制精度要求。

### 6.3.2 机械手控制方法分析

针对机器人系统的控制方法目前是多种多样的，不仅有传统的开环控制、PID 反馈控制，还有现代的柔顺控制、变结构控制、自适应控制等，而且智能控制技术，如模糊控制、神经网络控制等得到一定的应用。

从上一节的动力学分析可以看出，管道施工机械手是一个复杂的非线性、强耦合、多变量的动态系统。并且机械手在提起管道的瞬间系统会受到一个非常大的冲击，会对机械手系统产生无法预知的干扰。机械手在对接管道的整个过程中，机械手的姿态变化会引起关节摩擦、负载等变化。诸多的不确定因素将使得机械手系统变得更加复杂，如若采用基于精确数学模型的传统的控制技术显然无法满足机械手对接管道的精度要求，所以本书采用了模糊控制与神经网络控制相结合的智能控制方法。

模糊控制是一类应用模糊集合理论的控制方法，它可以提供一种实现基于知识(规则)的甚至语言描述的控制规律的新机理，还提供了一种改进非线性控制器的替代方法。人工神经网络虽然出现很早，但基于神经元网络控制方法的研究还只是最近十多年的事情。虽然它的研究历史不长，但研究范围很广，几乎覆盖了控制理论中的绝大多数问题。将模糊系统与人工神经网络一起产生的智能控制系统可以控制许多复杂的系统，比单独使用一种技术更灵活、有效。二者交叉结合主要方式有如下两种[119]：

① 神经网络作为模糊系统的实现，采用神经网络来实现模糊系统中隶属函

数和模糊规则。

② 将模糊性赋予神经网络，使神经网络模糊化，在网络学习中采用模糊运算。

目前，在模糊神经网络中，基于神经网络的模糊子集隶属函数和模糊控制规则的调整取得了较好的效果，但存在如下问题：采用梯度迭代参数一般要求使用高斯型连续函数，且模糊交运算采用乘积法而非极小值法[120-122]。尽管可以对极小运算进行变换使之适合于梯度法，但它实际上仅使参数更新发生在产生极小值的隶属函数上，所以这并不是一种最合理的调整方法，本书采用一种改进的遗传算法对隶属函数和模糊控制规则进行优化。

### 6.3.3　管道施工机械手的模糊神经网络控制算法

#### 6.3.3.1　管道施工机械手的模糊神经网络控制器

针对机械手的运动特点和动力学方程，设计机械手的 RBF 模糊神经网络控制器，控制框图如图 6-3 所示。RBF 模糊神经控制器是一个 10 输入、5 输出的多变量控制器，$d_{d1}$、$\theta_{d2}$、$d_{d3}$、$d_{d4}$、$\theta_{d5}$ 是机械手 5 个关节的期望位置；$e_1$，…，$e_5$ 为关节的位置误差；$ec_1$，…，$ec_5$ 为误差经微分后得到的误差变化率；$u_1$，…，$u_5$ 为控制器的输出；$d_1$，$\theta_2$，$d_3$，$d_4$，$\theta_5$ 为关节的实际输出。

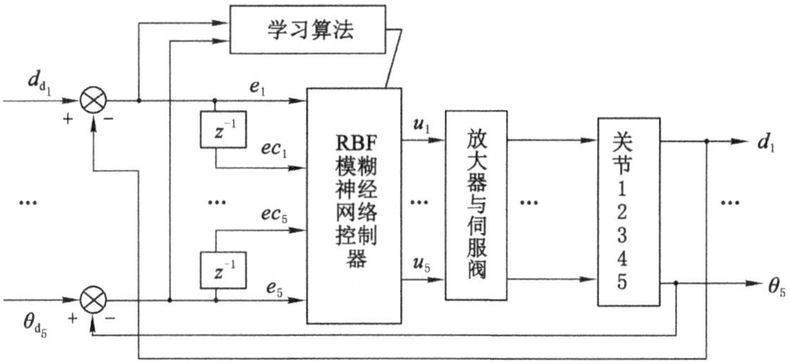


图 6-3　RBF 模糊神经网络控制框图

#### 6.3.3.2　管道施工机械手 RBF 模糊神经网络的结构

根据管道施工机械的动态控制特点对传统的模糊神经网络控制算法进行了改进，采用具有协调级的多变量 RBF 模糊神经网络，如图 6-4 所示为管道施工机械手多变量 RBF 模糊神经网络。该 RBF 模糊神经网络由三部分组成：网络前件、后件网络和协调级。前件网络和后件网络分别对机械手的 5 个关节进行计算。其中关节的位置误差 $e_i$，关节误差变化率 $ec_i$ 共十个变量分别作为网络的输入，利用 RBF 网络结构中的前件和后件网络的计算方法分别进行计算。后件网络输入的为多项式，为了减小系统的超调，在后件网络中没有引入常数项 1，演化为图 6-4 中所示。它们各自进行完匹配后，输出为 $q_i$，然后进入协调级。前件网络(4 层)用来匹配模糊规则的前件，后件网络(3 层)用来产生模糊规则的后件，隶属函数采用三角函数，模糊交运算采用最小值法，采用迭代学习算法对网络权值进行调整，隶属函数和模糊控制规则由遗传算法优化。

协调级是由单层神经网络构成，它的作用就是对 5 路控制作用进行综合，通过调整神经元的权值来消除 5 个关节之间的耦合，以达到多变量控制，输出为 $u_i$。

6.3.3.3　管道施工机械手 RBF 模糊神经网络控制算法分析

管道施工机械手 RBF 模糊神经网络控制算法主要分为：前向计算、后件计算、协调级计算和参数修正。

(1) 子网络前向计算

① 第一、二层计算：根据输入误差、误差变化率的采样输入值，分别计算子网络的输入隶属度函数值。

a. 第一层是网络输入层，网络节点为输入变量，把输入变量传递到第二层。

$$f_i^{(1)} = x_i \quad i = 1,2,\cdots,10 \tag{6-7}$$

b. 第二层为隶属函数层，网络节点函数为径向基函数。每一个节点代表一个模糊语言变量，通过它计算出每个输入变量的隶属度值，隶属函数采用高斯函数。

$$f_{ij}^{(2)} = \mu_i^j = \exp\left(-\frac{(f_i^{(1)} - c_{ij})^2}{\sigma_{ij}^2}\right) \quad i = 1,2,\cdots,10; j = 1,2,\cdots,7 \tag{6-8}$$

② 第三、四层计算：根据模糊规则的选取规则，确定子网络的每条模糊规则的适应度，经过归一化处理，产生输出。同时把给定输入值进行多项式计算，完成后件网络的第一、二层计算。

a. 第三层为模糊推理层，用来计算每条规则的适应度。每一个节点代表一个模糊规则，模糊推理采用极小值法。

$$f_k^3 = \alpha_k \tag{6-9}$$

$$\alpha_k = \min(\mu_1^i, \mu_2^{k-(i-1)\times 7}) \quad i = 1,2,\cdots,7; k = (i-1)\times 7 + 1,\cdots,i\times 7$$

$$\alpha_k = \min(\mu_3^i, \mu_4^{k-(i-1)\times 7}) \quad i = 8,9,\cdots,14; k = (i-1)\times 7 + 1,\cdots,i\times 7$$

$$\cdots$$

$$\alpha_k = \min(\mu_9^i, \mu_{10}^{k-(i-1)\times 7}) \quad i = 29,30,\cdots,35; k = (i-1)\times 7 + 1,\cdots,i\times 7$$

b. 第四层为归一化层，节点数和第三层节点数相同。

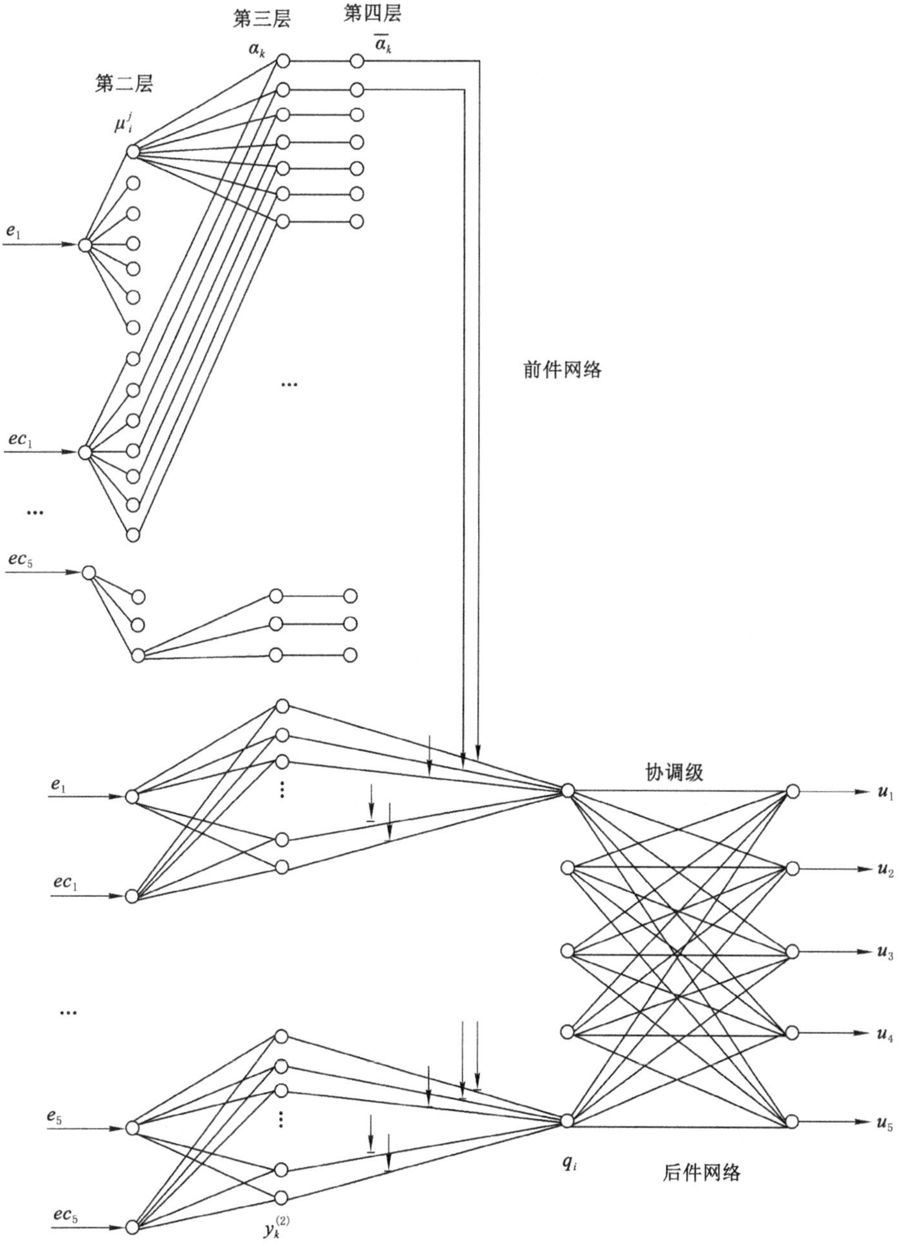


图 6-4　机械手 RBF 模糊神经网络结构

$$f_k^{(4)} = \bar{\alpha}_k = \alpha_k / \sum_{k=1}^{245} \alpha_k \quad k = 1, 2, \cdots, 245 \tag{6-10}$$

(2) 后件网络计算

后件网络有三层，由 5 个相同的子网络构成，每一个子网络会产生一个输出。

① 第一层为输入层，把输入变量传输到第二层。

$$y_i^{(1)} = x_i \quad i = 1, 2, \cdots, 10 \tag{6-11}$$

② 第二层计算每一个后件规则，为了加重权值的学习，采用权值二阶计算。

$$y_k^{(2)} = (p_{k1}^1)^2 x_1 + (p_{k2}^1)^2 x_2 \quad k = 1, 2, \cdots, 49$$

$$y_k^{(2)} = (p_{k3}^2)^2 x_3 + (p_{k4}^2)^2 x_4 \quad k = 50, 51, \cdots, 98$$

……

$$y_k^{(2)} = (p_{k9}^5)^2 x_9 + (p_{k10}^5)^2 x_{10} \quad k = 197, 198, \cdots, 245 \tag{6-12}$$

③ 第三层为输出层，计算子网络的输出。

$$q_i = \sum_{k=49\times(i-1)+1}^{49\times i} \bar{\alpha}_k y_k^2 \quad i = 1, 2, \cdots, 5 \tag{6-13}$$

(3) 协调级网络

经过后件网络的第三层计算后，产生了网络的清晰化输出，但该输出包含有各个子网络间的耦合，所以通过一个单层神经网络的协调级进行加权计算，以消除和减小子网络之间的强耦合作用。神经元函数采用 S 型函数，连接权系数为 $w_{ig}$，$u_i$ 为控制器输出。

$$u_i = f(s_i) = 1/(1 + \exp(-\sum_{g=1}^{5} q_i w_{ig})) \quad i = 1, 2, \cdots, 5; g = 1, 2, \cdots, 5 \tag{6-14}$$

(4) 参数修正计算

① 目标函数：

$$e_i = 0.5\,(y_{di} - y_i)^2 \quad i = 1, 2, \cdots, 5 \tag{6-15}$$

$y_{di}$ 和 $y_i$ 代表系统的期望输出和实际输出。

② 调整参数的迭代学习算法：

$$\frac{\partial e_i}{\partial w_{ig}} = \frac{\partial e_i}{\partial y_i} \frac{\partial y_i}{\partial u_i} \frac{\partial u_i}{\partial w_{ig}} = -\sum_{i=1}^{5} (y_{di} - y_i) \frac{\Delta y_i(t) - \Delta y_i(t-1)}{\Delta u_i(t) - \Delta u_i(t-1)} f^{-1}(s_i) q_i$$

$$i = 1, \cdots, 5; g = 1, \cdots, 5 \tag{6-16}$$

然后将 $w_{ig}$ 分别传至子网络，求后件网络的连接权值 $p_{kl}^i$。

$$\frac{\partial e_i}{\partial p_{kl}^i} = \frac{\partial e_i}{\partial y_i} \frac{\partial y_i}{\partial u_i} \frac{\partial u_i}{\partial p_{kl}^i} = -\sum_{i=1}^{5} (y_{di} - y_i) \frac{\Delta y_i(t) - \Delta y_i(t-1)}{\Delta u_i(t) - \Delta u_i(t-1)} f^{-1}(s_i) w_{ig} \bar{\alpha}_k p_{kl}^i x_l$$

$$i=1,\cdots,5;k=1,\cdots,245;l=1,\cdots,10 \tag{6-17}$$

再由 $p_{kl}^{i}$ 求出子网络后件最后一层输出 $y_{k}^{(2)}$，最后求出子网络的输入隶属度函数的 $\sigma_{mn}$、$c_{mn}$。

$$\frac{\partial e_i}{\partial c_{mn}}=\frac{\partial e_i}{\partial y_i}\frac{\partial y_i}{\partial u_i}\frac{\partial u_i}{\partial c_{mn}}$$

$$=-\sum_{i=1}^{5}(y_{di}-y_i)\frac{\Delta y_i(t)-\Delta y_i(t-1)}{\Delta u_i(t)-\Delta u_i(t-1)}f^{-1}(s_i)w_{ig}\bar{y}_k^{(2)}\alpha_k\frac{2(x_m-c_{mn})}{\sigma_{mn}^2}$$

$$i=1,\cdots,5;k=1,\cdots,245;m=1,\cdots,10;n=1,\cdots,7 \tag{6-18}$$

$$\frac{\partial e_i}{\partial \sigma_{mn}}=\frac{\partial e_i}{\partial y_i}\frac{\partial y_i}{\partial u_i}\frac{\partial u_i}{\partial \sigma_{mn}}$$

$$=\sum_{i=1}^{5}(y_{di}-y_i)\frac{\Delta y_i(t)-\Delta y_i(t-1)}{\Delta u_i(t)-\Delta u_i(t-1)}f^{-1}(s_i)w_{ig}\bar{y}_k^{(2)}\alpha_k\frac{2(x_m-c_{mn})^2}{\sigma_{mn}^3}$$

$$i=1,\cdots,5;k=1,\cdots,245;m=1,\cdots,10;n=1,\cdots,7 \tag{6-19}$$

$$p_{kl}^{i}(n)=p_{kl}^{i}(n-1)-\alpha\frac{\partial e_i}{\partial p_{kl}^{i}} \tag{6-20}$$

$$w_{ig}(n)=w_{ig}(n-1)-\alpha\frac{\partial e_i}{\partial w_{ig}} \tag{6-21}$$

$$c_{mn}(n)=c_{mn}(n-1)-\alpha\frac{\partial e_i}{\partial c_{mn}} \tag{6-22}$$

$$\sigma_{mn}(n)=\sigma_{mn}(n-1)-\alpha\frac{\partial e_i}{\partial \sigma_{mn}} \tag{6-23}$$

$\alpha$ 为迭代率。

### 6.3.4　改进遗传算法优化模糊神经网络控制器

模糊子集隶属函数和模糊控制规则往往是根据专家或实际操作者提供的含糊的语义知识或统计数据确定的，难以根据系统特性进行自适应的调整。遗传算法具有较强的全局寻优的能力，但是不同的遗传策略和操作参数对全局寻优的实现和算法的收敛速度有着很大的影响。本书对简单的遗传算法进行了合理的改进以提高其运算效率，并利用它从整体上优化模糊神经网络控制器，实现了以下几个方面的优化：

① 输入、输出论域模糊划分的优化；

② 输入、输出语言变量模糊子集隶属函数的优化；

③ 糊控制规则前后件的优化。

#### 6.3.4.1　编码

(1) 模糊子集隶属函数的编码

传统的模糊论域划分多采用均匀划分的方式。事实上在实际的控制过程中，当变量越接近零点时，为了达到更加精确的控制效果，模糊子集的划分应更加精细，隶属度函数的形状应更加陡峭，即采用分辨率高的模糊集合。当变量远离零点时，隶属函数的形状应较为平缓，以使系统具有较好的稳定性。因此，对模糊论域采用不均匀划分，可以使系统在不同的输入情况下有着不同的控制效果，更好地满足系统在不同阶段的性能要求。

研究表明，模糊集合隶属函数的形状对控制效果影响不大，而其对模糊论域的覆盖范围对性能的影响较大，考虑到算法的简便性和实用性，选择三角形隶属函数。对于三角形隶属函数，它的形状可以由 3 个确定：顶点的横坐标 $w$，以及左右两端点到基点 $w$ 的距离 $u$、$v$。

本书模糊论域采用不均匀划分，隶属函数选择三角形隶属函数，如图 6-5 所示[123]。选取三角形底边端点间距离作为优化参数，即对 $\{x_1-0, x_2-x_1, x_3-x_2\}$ 进行编码，编码采用十进制。这里需要约定三角形隶属函数底边的宽度范围，并保证经过遗传操作之后，基因值仍在这一范围之内，从而避免相邻两个模糊集合重叠过多，造成控制灵敏度差的问题。

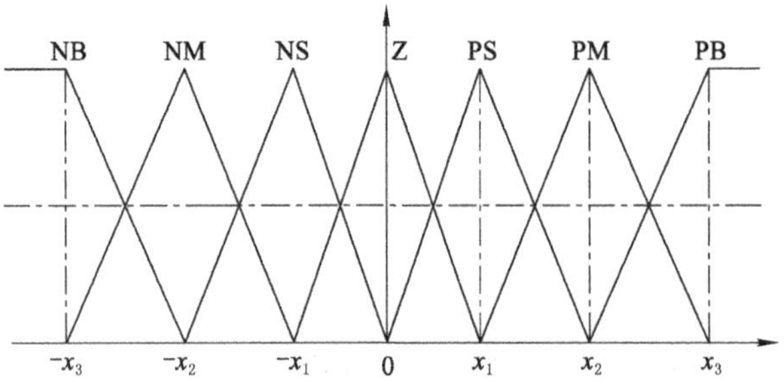


图 6-5　模糊子集隶属函数

(2) 模糊控制规则的编码

对于模糊控制规则，同样采用十进制编码，以 0、1、2、3、4、5、6 七个整数代表模糊语言变量的七个语言值 NB、NM、NS、Z、PS、PM、PB。机械手的模糊控制规则如表 6-1 所示。

**表 6-1　语言表述的模糊控制规则**

| | NB | NM | NS | Z | PS | PM | PB |
|---|---|---|---|---|---|---|---|
| NB | NB | NB | NB | NB | NM | Z | Z |
| NM | NB | NB | NB | NB | NM | Z | Z |

**表 6-1(续)**

| | NB | NM | NS | Z | PS | PM | PB |
|---|---|---|---|---|---|---|---|
| NS | NM | NM | NM | NM | Z | PS | PS |
| Z | NM | NM | NS | Z | PS | PM | PM |
| PS | NS | NS | Z | PM | PM | PM | PM |
| PM | Z | Z | PM | PB | PB | PB | PB |
| PB | Z | Z | PM | PB | PB | PB | PB |

将上述语言表述的模糊控制规则数值化，得到用数值表述的模糊控制规则，如表 6-2 所示。

**表 6-2　数值表述的模糊控制规则**

| | 0 | 1 | 2 | 3 | 4 | 5 | 6 |
|---|---|---|---|---|---|---|---|
| 0 | 0 | 0 | 0 | 0 | 1 | 3 | 3 |
| 1 | 0 | 0 | 0 | 0 | 1 | 3 | 3 |
| 2 | 1 | 1 | 1 | 1 | 3 | 4 | 4 |
| 3 | 1 | 1 | 2 | 3 | 4 | 5 | 5 |
| 4 | 2 | 2 | 3 | 5 | 5 | 5 | 5 |
| 5 | 3 | 3 | 5 | 6 | 6 | 6 | 6 |
| 6 | 3 | 3 | 5 | 6 | 6 | 6 | 6 |

将上述控制规则拉伸成控制规则编码：

{0000133 0000133 1111344 1123455 2235555 3356666 3356666}

将隶属函数和模糊控制规则的编码联合起来，就形成了最终的一维的染色体编码串，编码如下：

$\{x_1^e x_2^e x_3^e \quad x_1^{ec} x_2^{ec} x_3^{ec} \quad x_1^u x_2^u x_3^u$　0000133　0000133　1111344　1123455　2235555 3356666 3356666}

该编码串代表了一个完整的模糊控制器的寻优参数。对于一个二维模糊控制器，三个模糊变量(每个变量取七个语言值)隶属函数的联合编码为 3+3+3=9 位实数编码，系统最多有 7×7=49 条规则，控制规则的编码为 49 位实数编码，故总的编码长度为 9+49=58 位。需要注意的是当用多个字节表示一个基因时，交叉操作时必须在两个基因的分界字节处进行，解码按照 3、3、3、49 断开解码。

#### 6.3.4.2 确定适应度函数

适应度函数的优劣直接影响着遗传算法的演化过程，由于实际对象的数学模型难以建立，所以选取系统的综合性能指标作为遗传算法的适应度函数，从而保证系统有较好的性能。采用如下的离散函数来评价控制器的性能[123]：

$$J=\sum_{k=1}^{t_s} a_e\left|e(k)\right|+a_{ec}\left|ec(k)\right|+a_u\left|\Delta u(k)\right| \tag{6-24}$$

设转换函数：$F(x)=\dfrac{1}{1+CJ(x)}$，将转换函数乘以$10^4$ 作为适应度函数：

$$f(t)=F(t)\times 10^4=\frac{1}{1+CJ(t)}\times 10^4 \tag{6-25}$$

#### 6.3.4.3 改进的遗传算法

传统的遗传算法存在着一些缺陷，如初期的早熟现象、后期搜索能力差、局部搜索能力差等。现有的许多改进方法，大多仅对算法的局部加以改进，很少从全局来分析遗传算子和重要参数的设定对算法的影响。本书从遗传算子和交叉、变异概率的设定入手，对遗传算法寻求全局意义上的改进。

(1) 初始种群的产生

一般来说，初始种群采用随机的方法产生，这样产生的种群相似度很低。为了保证选择的初始种群在解空间中分布较为均匀，从而包含尽可能多的优秀基因，采用如下方法产生初始群体：将解空间划分为 $k$ 维（$k$ 为个体所包含的基因数），在每一维中设定 $D_{\min}$、$D_{\mathrm{mid}}$、$D_{\max}$三个基因值，分别对应各个基因值的下限、中间值和上限，而后将它们进行排列组合产生 $3k$ 个解向量（个体）。在此基础上，随机选取剩余的个体直到达到种群规模 $N(N>3)$。通过这样选取，使初始种群具有较强的分散性和代表性。

(2) 选择操作

标准遗传算法通常采用赌轮法进行选择操作，这种方法只能提高种群的平均适应度，并不能产生更优的个体，减少了群体的多样性，容易导致产生超级个体，使算法失去一些有意义的搜索点和最优点，而进入局部最优。为了弥补上述不足，采用所谓选择种子法进行改进。选择种子法确保最优个体能够被选中，进入下一代的进化种群。选择操作过程如下：

① 计算初始种群 $N(0)$中所有个体的适应度；

② 第 $N$ 代种群 $N(t)$，根据个体适应度的大小随机选出 $n$ 个个体组成种群 $N_0(t)$，并复制一份为群体 $N_1(t)$，对 $N_0(t)$进行交叉，$N_1(t)$进行变异；

③ 分别计算 $N_0(t)$、$N_1(t)$、$N(t)$的个体适应度，从中选出最好的 $n$ 个个体构成下一代种群 $N(t+1)$；

④ 重复②、③步，直至满足终止条件。

选择种子法打破了传统遗传操作的顺序，将选择操作放在交叉、变异操作之后，同时汲取了最优个体保存法的部分思想，从三个群体中选择最优，在保证群体完整性的前提下，增加了新的基因，提高了群体的多样性，扩充了遗传算法的搜索空间。由于剔除了较差的个体，使群体平均适应度得到提高，加快了进化速度。

(3) 交叉操作

交叉是遗传算法群体进化的主要途径，交叉算子的设计直接影响到遗传算法的性能。经典的标准遗传算法多采用单点交叉，后来人们将单点交叉进行推广，提出了两点交叉和多点交叉。多点交叉可以有效地扩大搜索空间的范围，提高遗传搜索的效率，但是应用时必须小心，多点交叉像随机洗牌一样，会使优秀的模式减少。一致交叉是新近提出的一种交叉方法，在该方法中，从交叉的两个父代染色体中以一定的概率随机选取两个或多个等位基因，进行交换产生两个子代染色体。一致交叉属于多点交叉的范畴，诸多研究表明，两点交叉、多点交叉和一致交叉的性能从整体上要优于单点交叉。

由于遗传算法优化模糊控制器的特殊性，个体的前 9 位编码代表隶属函数，取值为实数；后 49 位代表控制规则，取值为整数，各自的含义和取值范围不同。如果按照通常的方法进行交叉，易产生一些不合理的病态个体，导致错误的规则。因此，在交叉方法上要区别对待，同时加以必要的限制。针对模糊控制器的编码特点采用如下交叉方式：对前 9 位采用部分匹配交叉法，进行三点一致交叉；后 49 位采用顺序交叉法，即从父代 A 随机选一个编码子串，放到子代 A 的对应位置；子代 A 空余的位置从父代 B 中按 B 的顺序选取（与已有编码不重复）。

上述方法，通过限制基因差的绝对值，可以避免控制作用的突然跳变，如从负大直接跳到正大，出现不合理的控制规则，引起系统的剧烈振荡。同时，根据参数长度的不同分别采用两点和三点一致交叉很好地扩大了算法的搜索空间，加快了算法的收敛速度，而又不会引起优良模式的过多破坏。

(4) 变异操作

变异操作旨在打破群体的同化，保证群体的多样性，弥补交叉操作造成的遗传信息的丢失。有效的变异操作可以使遗传算法跳出局部最优，达到全局最优。变异操作在遗传算法中的作用虽然是处于第二位的，但却是必不可少的，尤其在十进制编码中其作用比在二进制编码中大得多。

在十进制编码中，常规的变异方法是在变异基因上加上一个正态分布的随机数。这种变异操作是一种一致性变异，算子搜索的范围与进化代数无关，在算法的后期，缺乏足够的局部搜索能力，不易搜索到全局最优解。本书在非一致性变异操作的基础上，结合模拟退火法的思想构成一种具有自适应性的变异操作。

设 $X=(x_1,x_2,\cdots,x_k,\cdots,x_n)$ 为一个父代，一次变异后的结果为：

$$X'=(x_1,x_2,\cdots,x'_k,\cdots,x_n) \quad x_k \in [a_k,b_k]$$

$$x'_k = x_k + (b_k - a_k) r^{1-\frac{f}{f_{\max}}} \tag{6-26}$$

式中，$r\in[0,1]$，$f$ 为个体适应度，$f_{\max}$ 为本代个体适应度的最大值。

由于控制规则的编码必须为整数，所以 $x'_k$ 采用四舍五入的原则就近取整数，且为了避免产生不合理的规则引起系统的振荡，规定：$|x'_k - x_k| \geqslant 2$ 时不允许变异发生。

(5) 交叉概率、变异概率

交叉概率、变异概率是影响遗传算法性能的重要因素，它们设置得是否合理决定着算法搜索的精度和广度能否均衡折中。标准的遗传算法通常采用固定的交叉概率和变异概率，这种方法只能均匀地搜索优化空间，不能满足寻优过程中不同阶段的不同要求，影响了算法的性能。

交叉概率/变异概率决定着交叉操作/变异操作的使用频度，起着增强或抑制交叉/变异的作用。大量研究表明：从整个种群的角度上讲，在遗传算法运行的初期，种群个体之间的差异较大，应选取较大的交叉概率，并选取较小的变异概率与之配合，以凸显交叉操作的作用，从而加快算法的收敛速度，促进种群的进化；随着算法的运行，特别是在算法运行的后期，群体个体差异较小，这就需要适当地减小交叉概率，增大变异概率，以增强种群的多样性，避免算法陷入局部最优。从单个个体的角度上讲，当个体质量较好时，即个体适应度较高时，应选取较小的交叉概率和变异概率，以减小优秀个体被破坏的可能性；当个体质量较差时，即个体适应度较低时，应选取较大的交叉概率和变异概率，以尽可能地提高个体的质量。

文献[123]提出了一种具有自适应能力的遗传算法，在该算法中采用了一种具有自适应能力的交叉概率和变异概率。本书在此基础上进行了合理的改进，提出一种新的自适应交叉概率和变异概率，计算公式如下：

① 交叉概率：

$$p_c=\begin{cases}\dfrac{f_{\max}-f_{\text{avg}}}{f_c} & f_c \geqslant f_{\text{avg}} \text{ 且 } (f_{\max}-f_{\text{avg}}) < f_c \\ 0.75 & \text{其他}\end{cases} \tag{6-27}$$

② 变异概率：

$$p_m=\begin{cases}1-\dfrac{f_{\max}-f_m}{f_{\max}-f_{\text{avg}}} & f_m \geqslant f_{\text{avg}} \\ 0.05 & f_m < f_{\text{avg}}\end{cases} \tag{6-28}$$

式中：$f_{max}$为当前种群最大适应度，$f_{avg}$为当前种群平均适应度，$f_c$为进行交叉的个体的适应度，$f_m$为进行变异的个体的适应度。

### 6.3.5　模糊神经网络控制器仿真分析

#### 6.3.5.1　仿真参数设定

模糊神经网络控制器的输入为误差 $e$ 和误差的变化率 $ec$，输出为控制量的增量 $u$，三者的模糊划分采用三角形方式。每个语言变量均分为 7 档(NB、NM、NS、Z、PS、PM、PB)，为了确保模糊集合对模糊论域有较好的覆盖，对模糊集合的分布作如下规定：

① NB：隶属函数的峰值取在－6，－5 附近；
② MN：隶属函数的峰值取在－4，－3 附近；
③ NS：隶属函数的峰值取在－2，－1 附近；
④ Z：隶属函数的峰值取在 0 附近；
⑤ PS：隶属函数的峰值取在 1，2 附近；
⑥ PM：隶属函数的峰值取在 3，4 附近；
⑦ PB：隶属函数的峰值取在 5，6 附近。

按照第 6.3.4.1 节中给出的编码方法，对待优化的参数进行编码。误差 $e$ 编码参数的变化范围：$(x_1-0)\in(0,1]$，$(x_2-x_1)\in(x_1,2.5-x_1]$，$(x_3-x_2)\in(x_2,6-x_2]$，误差变化率 $ec$ 和控制量的增量 $u$ 也做同样的设定。待优化的隶属函数参数共有 9 个，49 条模糊控制规则，对应 49 个参数，每个参数的变化范围：{0，1，2，3，4，5，6}，一共有 58 个参数编码构成一条染色体。

#### 6.3.5.2　优化模糊子集隶属函数和模糊控制规则

使用遗传算法时，首先需要确定种群规模，由于改进了初始种群的产生方法，在较小的规模下，也能保证种群的多样性。因此，取种群规模为 50，个体目标函数的参数：$ae=0.40$，$aec=0.35$，$au=0.30$ 经过 32 代得到最优解，最优个体如下：{0.653 1.747 2.864，0.811 2.154 2.696，0.863 2.007 2.619，　6655433　6655433　5544321　5543211　4421110　3211000　3211000}，个体适应度为 7013。对应的控制规则如表 6-3 所示。

**表 6-3　最优模糊控制规则**

| | NB | NM | NS | Z | PS | PM | PB |
|---|---|---|---|---|---|---|---|
| NB | PB | PB | PM | PM | PS | Z | Z |
| NM | PB | PB | PM | PM | PS | Z | Z |

表 6-3(续)

| | NB | NM | NS | Z | PS | PM | PB |
|---|---|---|---|---|---|---|---|
| NS | PM | PM | PS | PS | Z | NS | NM |
| Z | PM | PM | PS | Z | NS | NM | NM |
| PS | PS | PS | NS | NM | NM | NM | NB |
| PM | Z | NS | NM | NM | NB | NB | NB |
| PB | Z | NS | NM | NM | NB | NB | NB |

6.3.5.3 模糊神经网络控制器仿真

给定机械手仿真参数如下：$m_1=15$ kg，$m_2=m_3=m_4=30$ kg，$m_5=480$ kg(管节质量为 450 kg)；$I_1=I_2=I_3=I_4=0$，$I_5=\begin{bmatrix}0.2974 & 0 & 0\\ 0 & 15.0198 & 0\\ 0 & 0 & 15.0198\end{bmatrix}$ kg·m$^2$；$l_1=l_2=1.0$ m，$l=1.5$ m；摩擦力 $F(\theta,\dot{\theta},d,\dot{d})=c_1\,\mathrm{sgn}\,\dot{\theta}+c_2\mathrm{sgn}\,\dot{d}+v_1\dot{\theta}+v_2\dot{d}$，控制器输入变量为$\{e_1,\cdots,e_5,ec_1,\cdots,ec_5\}$，输出变量为$\{u_1,\cdots,u_5\}$，输入变量隶属度函数均为[NB、NM、NS、Z、PS、PM、PB]，模糊运算采用最小值法。

将优化好的隶属函数和模糊控制规则代入神经网络中，对网络进行训练，取网络平均误差为 0.001，当网络训练到 418 次时，即达到误差要求，如图 6-6 所示。

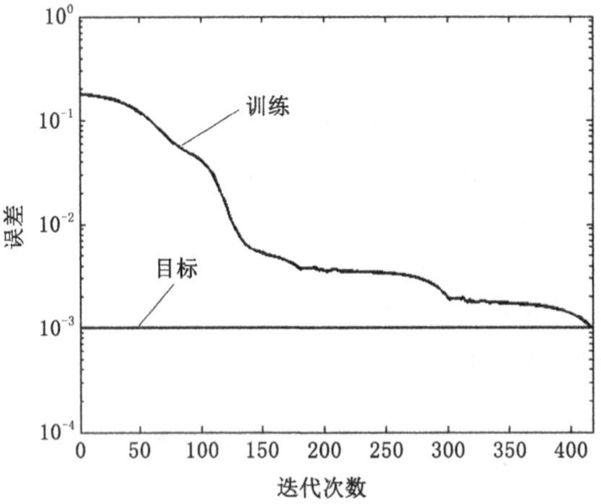


图 6-6 RBF 模糊神经网络误差

给定各个关节单位阶跃信号，考察控制器的动态性能。图 6-7 给出了关节 1 和关节 2 的单位阶跃响应曲线，从图中可以看出，控制器在未采用优化算法之前，超调量达到了 40%左右，调整时间达到 300 多秒，稳定时间达到 500 多秒。采用了优化算法之后，超调量大大下降，为 10%左右，而调整时间和稳定时间分别降低到 200 多秒和 300 多秒。从以上分析可以看出采用了改进遗传算法之后的控制器动态性能得到很大的提高。

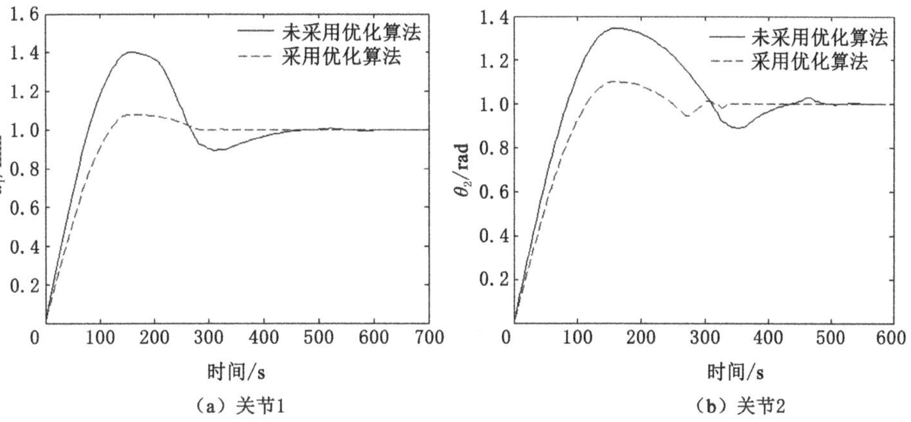


图 6-7　控制器的单位阶跃响应

为了检测控制器跟踪动态信号的效果，分别给定各个关节正弦信号进行仿真分析。仿真分两种情况：未采用遗传算法优化的 RBF 模糊神经网络控制器和采用改进遗传算法优化的 RBF 模糊神经网络控制器。

给定关节 1、2、3、4、5 的理想轨迹，均为正弦函数，采样周期取 0.01 s，图 6-8～图 6-12 为控制器在采用改进的遗传算法优化后，关节 1～5 在控制器的控制信号下的理想输出、实际输出轨迹和输出误差。从图中可以看出在优化后的控制器的输出信号控制下，各个关节可以很好地动态跟踪输出轨迹，并且移动关节输出误差控制在±0.005 cm 之内，转动关节输出误差控制在±0.005°之内，完全能够满足机械手安装水泥管节的精度要求。

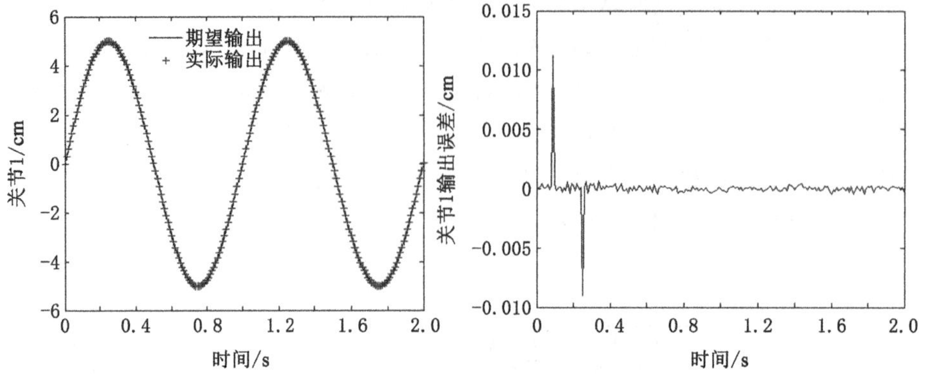


图 6-8　关节 1 输出轨迹与轨迹误差

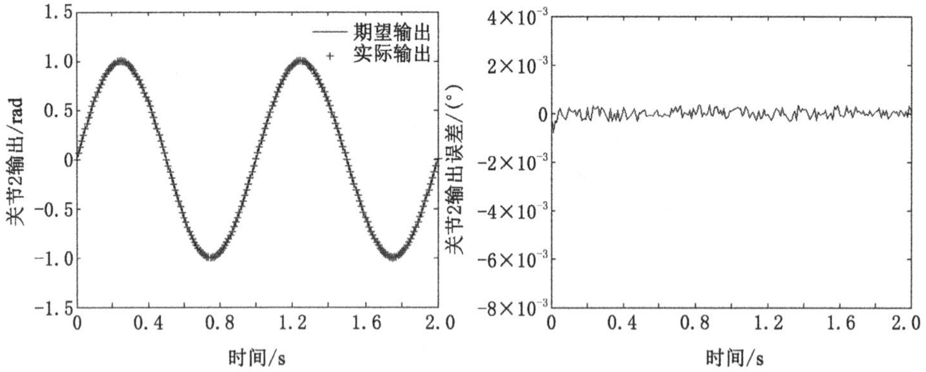


图 6-9　关节 2 输出轨迹与轨迹误差

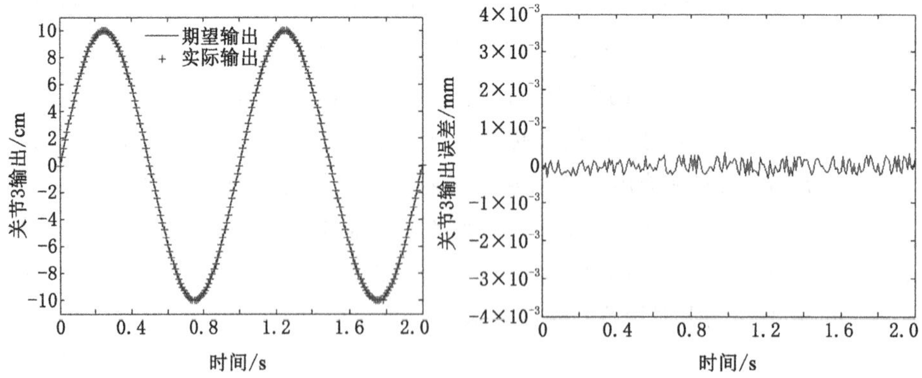


图 6-10　关节 3 输出轨迹与轨迹误差

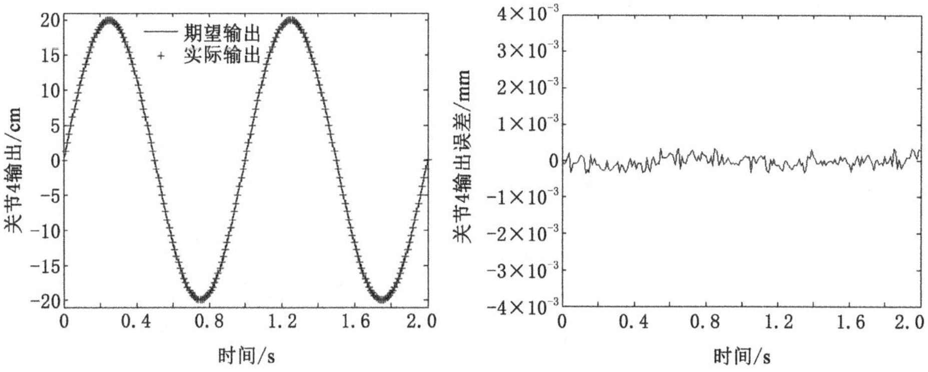


图 6-11　关节 4 输出轨迹与输出误差

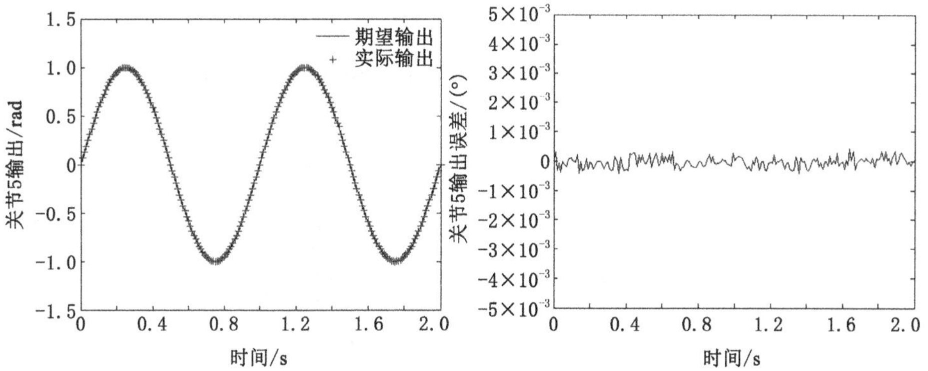


图 6-12　关节 5 输出轨迹与输出误差

# 6.4　机械手的控制系统分析

## 6.4.1　控制系统的总体要求

该机械手主要用于铺设地下管道，因此位置精度是控制系统所要考虑的主要性能指标；同时机械手末端操作器的速度和轨迹质量是其控制系统质量的直接体现。因此控制系统的主要任务包括以下几个方面：

① 满足机械手末端操作器位置要求；

② 满足机械手末端操作器速度要求；

③ 具有友好的控制界面；

④ 系统可靠性高；

⑤ 提供多种控制模式；

⑥ 具有较好的安全保障措施。

### 6.4.2 控制系统的总体结构

对机械手的位置精度控制是机械手控制系统所要完成的主要任务，为了达到实时控制性能好、伺服控制精度高的要求，采用基于总线通信的上、下位机分散控制系统结构，如图 6-13 所示。其中，上位机主要负责机械手的路径规划、任务分配、系统监视等；下位机为 4 个关节的单片机控制系统，主要负责伺服阀的控制和位置传感器的信号采集等。

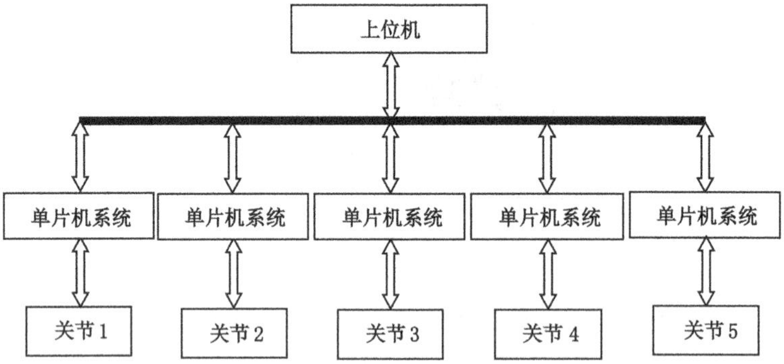


图 6-13 机械手控制系统总体方案

采用这种控制系统，可实现上位机对各个关节的单独控制。下位机 4 个单片机系统是并行工作的。每个单片机系统负责本关节的控制和反馈信号的处理，同时采用中断方式和上位机通信，接收上位机的控制信号和向上位机传送各关节的位置信号。

### 6.4.3 控制系统的上位机

#### 6.4.3.1 上位机的总体要求

上位机是整个控制系统的核心部分，承担了机械手总体控制的大部分工作，包括系统初始化、任务分配、控制算法等。它分为软件和硬件两个部分。上位机具备以下几个功能：

① 机械手控制系统的初始化；

② 提供控制接口；

③ 机械手综合优化控制算法的实现；

④ 和下位机实时通讯。

6.4.3.2　上位机的硬件

上位机的硬件主要由主机和通信卡组成。主机主要负责控制算法、实时显示等；通信卡主要负责上位机和下位机的总线通信。

6.4.3.3　上位机的软件

上位机软件采用 VB(Visual Basic)语言开发。其中包括几个部分：友好界面的设计、与下位机的通信协议、调用控制算法、运动学计算、机械手的复位等。

控制部分是整个上位机软件的核心，包括复位控制、单关节控制和直接控制 3 个部分。复位控制就是从上位机向下位机发送复位指令，下位机接收后进入复位状态，输出控制信息控制伺服阀动作到 0 位。

单关节控制是从上位机输入关节应该运动的位移或角度，然后向下位机发送单关节控制指令，并从下位机接收传感器数据，下位机从上位机接收位移或角度信息并加以处理，输出控制信息控制伺服阀动作。

直接控制就是输入机械手末端操作器的位置，通过运动学逆解运算，计算出每个关节应该运动的位移或角度，然后将位移量或角度值发送至下位机，驱动各关节协调运动至指定位置。

上位机系统主要程序流程如图 6-14～图 6-17 所示。

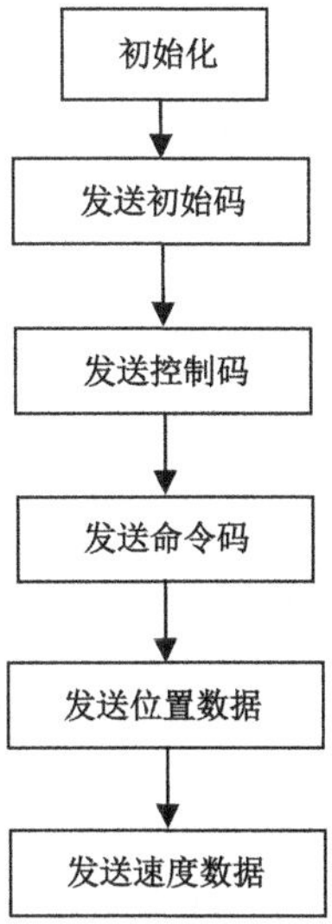


图 6-14　上位机发送数据流程

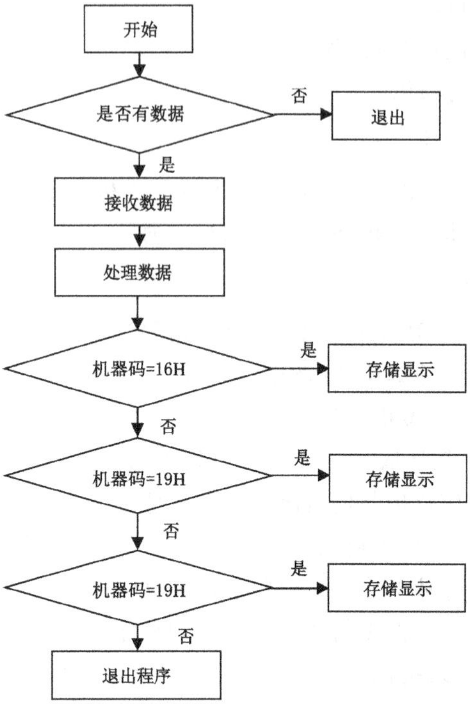


图 6-15　上位机接收数据流程

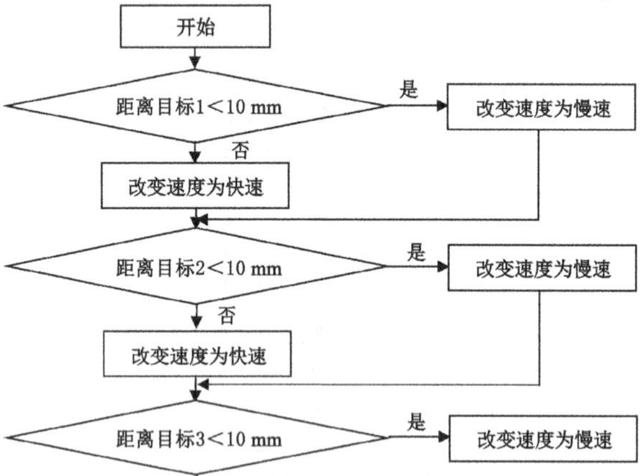


图 6-16　上位机控制处理子程序流程

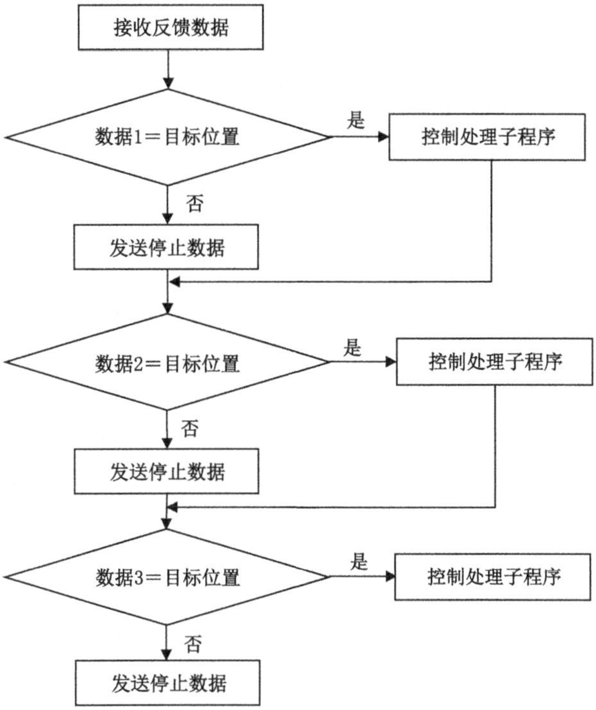


图 6-17 上位机自动控制接收处理数据流程

### 6.4.4 控制系统的下位机

#### 6.4.4.1 下位机控制器的功能要求

机械手下位机控制器是一个单关节控制器，是一个典型的阀控液压缸伺服系统，控制原理如图 6-18 所示。

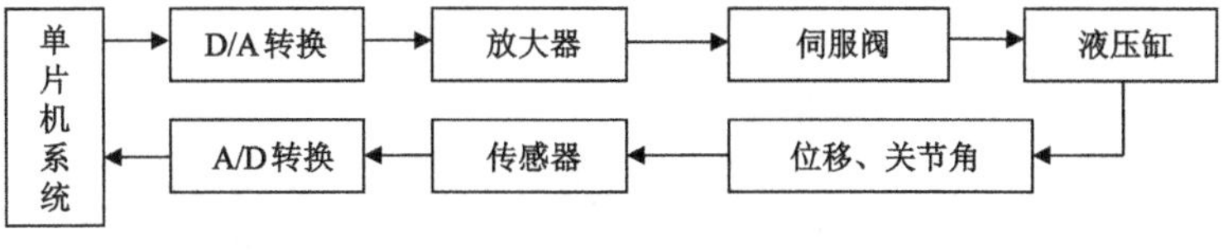


图 6-18 单关节控制系统示意图

下位机单片机控制系统的主要功能是：

① 和上位机通信，接受上位机的指令和向上传送数据；

② 单关节控制算法；

③ 输出控制信号控制伺服阀；

④ 采集位移传感器信号，实现系统闭环控制。

6.4.4.2 下位机的硬件

下位机单片机控制系统主要包括 3 个部分，AT89C52 及外围电路、数据采集调理模块和功率驱动模块。

(1) AT89C52 及外围电路

AT89C52 及外围电路是控制系统的核心，主要负责整个控制器管理、数据采集、数据输出等。为了提高控制系统的性能，系统的主频应尽可能提高，以提高单片机的运算速度。在本系统中，选取时钟周期为 24 MHz。

整个电路包括 4 个核心芯片，即 AT89C52、6264、74LS138、74LS373。在实际使用中，P0 口作数据和地址分时复用，在分时复用时，需要用 74LS373 用于地址锁存，P2 口主要用于地址线，高 3 位主要用于驱动 74LS138 进行芯片的选择。

(2) 数据采集调理模块

数据采集调理模块负责调理、采集各个关节上的传感器信号，经 A/D(模/数)转换后送入单片机，实现液压伺服系统的闭环控制。数据采集调理模块主要包括 3 个部分，即基准电源、低通滤波和 A/D 转换。

(3) 功率驱动模块

功率驱动模块主要负责接受 AT98C52 的控制信号，将数字信号转化为模拟量并进行放大，以驱动伺服阀。功率驱动模块主要包括 3 个部分：DAC1230、基准电源和功率放大电路。

6.4.4.3 下位机的软件

下位机软件负责下位机的管理，其主要功能如下：

① 系统初始化，包括可编程芯片初始化和机械手关节复位；

② 负责和上位机进行通讯；

③ 采集数据和输出控制信号。

下位机程序主要包括 4 大部分，即主程序、初始化、总线通信和控制部分。

初始化部分主要负责控制系统的初始化，包括单片机的初始化、通信卡的初始化和上位机通信测试、测试关节位置和环境状态。总线通信主要负责上、下位机进行串行总线通信，包括向上位机发送数据和从上位机接收数据。控制部分是根据上位机的要求，给出适当的输出，从而达到满意的控制效果。

下位机系统主要工作流程如图 6-19 和图 6-20 所示。

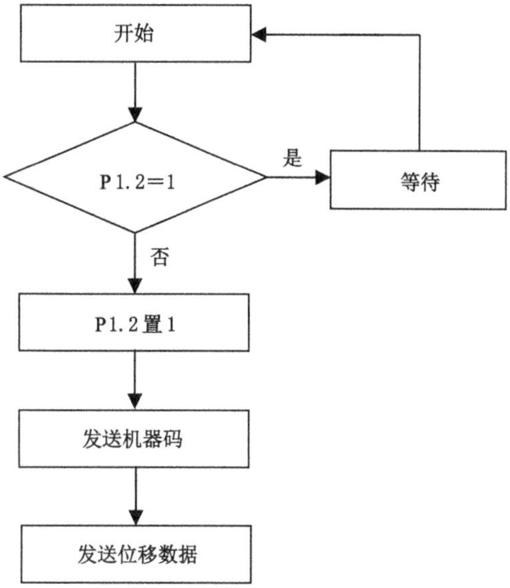


图 6-19　单片机发送数据流程

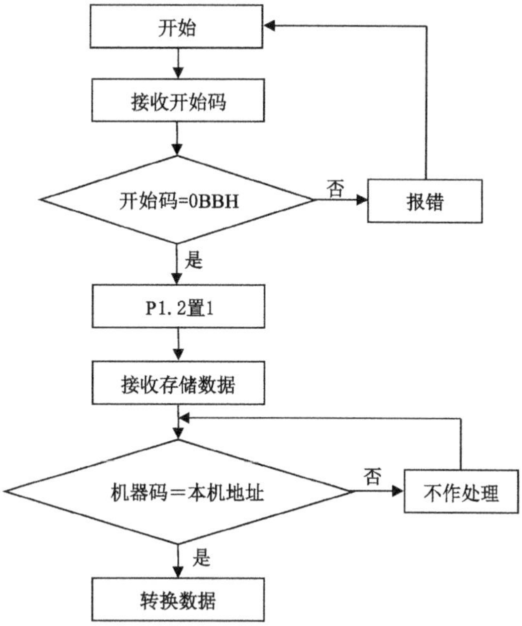


图 6-20　单片机接收处理数据流程

## 6.5 本章小结

本章内容首先针对第2章分析得到的动力学方程进行了非线性动力学分析，根据其非线性、强耦合的特性，设计了一种基于RBF的10输入、5输出的模糊神经网络控制器，并利用改进的遗传算法对隶属函数和模糊控制规则进行优化。通过仿真表明经过遗传算法优化的RBF神经网络控制器动态性能好、收敛速度快，控制精度高，适用于管道施工机械手的轨迹控制；分别对机械手控制系统上位机和下位机的硬件和软件做了简单的介绍。

# 第7章　结论与展望

## 7.1　结论

管道施工机械手是用于城市建设中大型地下管网施工的现代化新型机械设备，它的应用可以提高管道施工效率，提高地下管道施工的安全性。本书主要针对管道施工机械手的工作原理、运动学与动力学非线性分析、基于虚拟样机技术的管道施工机械手动力学建模和实验分析，机械手的光电定位技术与实验分析、机械手的控制策略等方面进行了研究，主要研究工作总结如下：

(1) 管道施工机械手的机械原理研究

根据我国市政建设中地下管道铺设的现场状况，设计了带有自锁功能叉手的管道施工机械手。该机械手以挖掘机为载体，由回转连接机构、十字导轨和叉式提升机构三部分组成，机械手由液压驱动，可以实现管道在空间范围内的姿态调整功能。当机械手提起管道时，不需外力，仅借助于管道重力就可以使管道卡紧，在非工作状态下能自行收回。研究分析了机械手提起管道后叉式提升机构作用在管道上的卡紧力，给出了计算卡紧力的数学公式，同时分析得出管道的卡紧力与管道重量、管道长度、壁厚成正比，与管道直径、卡手回复力成反比。分析了机械手的运动学和动力学模型，为后续章节的控制策略研究奠定基础。

(2) 管道施工机械手的虚拟样机建模与动力学仿真实验

为了分析和评判管道施工机械手系统的性能，从而为物理样机的设计和制造提供参数依据，本书利用 Solidworks 和 Adams 软件联合建立管道施工机械手虚拟样机。虚拟样机建模过程中主要采用了如下新方法：考虑到机械手在工作过程中部分构件的形变，虚拟样机采用刚-柔耦合建模，并利用 Adams 与 ANSYS 软件对柔性构件进行了力学分析，分析结果显示在机械手铺设管道的过程中柔性构件的应力与应变均处于安全状态；为了使模型中导轮与导轨之间的作用力更接近实际工况，并且避免冗余约束的产生，本书在建立机械手模型时在导轮之间添加了过渡轴；为了如实反映机械手工作时的受力状态，本书区别于摩擦力的传统添加方法，采用了添加外力代替运动副中摩擦力的方法，该方法能真实模拟机械手工作时摩擦力的状态，使虚拟样机与机械手高度仿真。

通过对机械手对接管道过程的动力学仿真，提取出了液压系统的工作压力，液压缸的位移等参数与实验数据进行对比，结果验证了机械手虚拟样机建模正确，与试验样机基本相符。

(3) 管道施工机械手的光电定位技术研究

针对管道施工机械手的实际工作情况，本书研究分析了机械手在铺设管道时的定位技术，并根据现场的实际需要设计了光电定位系统。光电定位系统由光电靶、激光发射器、数据采集和数据传送模块、无线通信模块、接口转换模块、主机等组成，靶盘在极轴 $\rho$ 上的精度为 $\pm 5$ mm，极角 $\theta$ 的精度为 $\pm 1.4^{\circ}$，完全可以满足机械手定位的需要。分别研究分析了不同工况下的不同定位方式：单靶定位、双靶定位和三靶定位。并利用坐标变换理论推导出不同定位方式下的光电定位系统数学模型，该数学模型通过识别激光打在光电靶上的位置为机械手的控制系统提供控制参数，从而驱动机械手运动实现管道的对接安装。本书对光电定位系统进行了实验研究，通过实验测试了光电定位系统的数据采集和无线传输数据能力，对实验结果进行了分析。测试结果表明：光电靶盘的转速对采集数据的准确率有很大的影响，只有转速低于(10～20)r/s 时，采集数据的准确率才可以达到 100%；当靶盘转速增加，超过 20 r/s，数据采集准确率会随着转速的增加而降低；数据传输距离对数据传输准确性有影响，当测试地点为空旷地带且数据传输距离小于 350 m，可以达到 100%，当距离再增加，数据传输准确率急剧下降，测试距离达到 450 m 时，几乎无法传输准确数据。测试地点为建筑楼群时，数据传输的有效距离仅为 150 m，当距离超过 150 m 时，无线通信模块已经不能传输有效数据。

通过对光电定位系统的实验测试，表明该光电定位系统能够满足机械手完成管道铺设任务的要求。

(4) 管道施工机械手的控制策略研究

管道施工机械手是一个多输入、多输出的非线性、强耦合的机械系统，针对机械手在铺设管道过程中随着所握持水泥管节的姿态和机械手自身位姿的变化对机械手系统的影响，传统的跟踪控制和抗干扰控制已不能满足机械手运动的稳定性和抗干扰性要求。本书在分析了管道施工机械手动力学方程特性的基础上，根据其非线性、强耦合的特性，设计了一种基于 RBF 的 10 输入、5 输出的模糊神经网络控制器，给出了一种不同于传统 RBF 神经网络的新的模糊神经网络控制算法，并利用改进的遗传算法对隶属函数和模糊控制规则进行优化。仿真结果表明：RBF 模糊神经网络控制器在经过改进的遗传算法优化之后动态性能良好，超调量降低到 10% 以下，调整时间缩小到 200 s 左右，稳定时间缩小到 300 s 左右，且控制器能很好地跟踪动态信号，移动关节输出误差能控制在 ±0.005 cm 之内，转动关节输出误差能控制在 ±0.005°之内，完全能够满足机械手安装水泥管节的精度要求。

本书针对机械手的具体工作情况，研究设计了机械手控制系统的硬件和软件。

## 7.2　工作展望

针对我国市政建设中管道铺设的具体状况，本书主要对管道施工机械手的工作原理、控制算法，基于虚拟样机技术的管道施工机械手动力学分析和实验分析，机械手的光电定位技术等方面进行了研究，但还有许多问题需要进一步完善，还有大量实际工作需要去做：

① 管道施工机械手的虚拟样机还无法完全模拟实际样机，这就使得仿真结果与实验结果存在误差，如何能更精确地建立虚拟样机模型，通过虚拟样机的仿真结果分析指导实际样机的制造和优化需要进行进一步的研究。

② 光电定位系统的光电靶盘接收电路采用单一的光敏二极管排列而形成，集成度不高，其识别精度和抗光干扰方面有待进一步提高，尤其在雨雪等恶劣天气情况下的工作精度需要提高。

③ 除了考虑机械手动力学非线性特性因素之外，还考虑施工现场的外部环境因素以及附加动载等因素的影响，如何进一步优化机械手的控制算法是今后需要解决的问题。

# 参考文献

[1] LEE J,LORENC S J,BERNOLD L E.Saving lives and money with robotic trenching and pipe installation[J].Journal of aerospace engineering,1999,12(2):43-49.

[2] BERNOLD L E, VENKATESAN L, SUVARNA S. Equipment mounted multi-sensory system to locate pipes[C]//NAJAFI M.New Pipeline Technologies,Security,and Safety.Baltimore:ASCE,2003:945-952.

[3] BERNOLD L E.Economic impact analysis to optimize investments in damage prevention for pipeline construction[C]//NAJAFI M. New Pipeline Technologies,Security,and Safety.Baltimore:ASCE,2003:384-393.

[4] LEE J,LORENC S J,BERNOLD L E.Comparative performance evaluation of tele-operated pipe laying[J]. Journal of construction engineering and management,2003,129(1):32-40.

[5] BERNOLD L E.Control schemes for tele-robotic pipe installation[J].Automation in construction,2007,16(4):518-524.

[6] LEE J, LORENC S J, BERNOLD L E. Teleoperated pipe manipulation [C]// DEMSETZL A,BYRNE R H,WETZEL J P.Robotics 98.Albuquerque:ASCE,1998:188-194.

[7] LEE J,LORENC S J,BORENC L E.Performance Evaluation of the"Pipe Man":An Innovative Robotic Pipe-Laying Technology[C]//STONE W C. Robotics 2000.Albuquerque:ASCE,2000:140-146.

[8] HASTAK M, SKIBNIEWSKI M J. Automation potential of pipe laying operations[J].Automation in construction,1993,2(1):65-79.

[9] BERNOLD L E, LI B. Robotic Technology for Pipeline Construction on Earth & in Space[C]//MALLAR B,MAJI A.Engineering,Construction, and Operations in Challenging Environments: Earth and Space 2004.

League City:ASCE,2004:99-106.
[10] KIM K T,BERNOLD L E.A comparison of two innovative technologies for safe pipe installation:"Pipeman" and the Stewart-Gough platform-based pipe manipulator[J]. Automation in construction, 2008, 17(3): 322-332.
[11] BERNOLD L E,LI B.Advancements in tele-robotic pipelaying[C]//2002 Proceedings of the 19th ISARC.Washington:IAARC,2003:217-223.
[12] KIM Y S,LEE J H,YOO H S,et al.A performance evaluation of a Stewart platform based Hume concrete pipe manipulator[J].Automation in construction,2009,18(5):665-676.
[13] WANG D,LIU H Y,LI B.Technology for locating system of the laying pipe manipulator[J].Applied mechanics and materials,2009,16:25-29.
[14] PETERS M.Direct Pipe:Latest innovation in pipeline construction-technology and references[J].Pipeline technology conference,2008,34(3):116.
[15] 丁学恭.机器人控制研究[M].杭州:浙江大学出版社,2006.
[16] 林龙信.仿生水下机器人的增强学习控制方法研究[D].长沙:国防科学技术大学,2010.
[17] 徐建安.水下机器人动力学模型辨识与广义预测控制技术研究[D].哈尔滨:哈尔滨工程大学,2006.
[18] 曹江丽.水下机器人路径规划问题的关键技术研究[D].哈尔滨:哈尔滨工程大学,2009.
[19] 边宇枢,高志慧,贠超.6自由度水下机器人动力学分析与运动控制[J].机械工程学报,2007,43(7):87-92.
[20] 宋鑫,叶家伟,梁富林,等.超小型水下机器人改进设计及其智能控制系统[J].机器人,2007,29(6):596-560.
[21] 彭学伦.水下机器人的研究现状与发展趋势[J].机器人技术与应用,2004(4):43-47.
[22] 徐竞青,黄俊峰,李一平.水下机器人通用实时控制软件研究与实现[J].机器人,2003,25(5):404-408.
[23] 宋进.8自由度遥控机器人控制系统设计[J].机械设计与制造工程,2001,30(3):50-51,54.
[24] 景晨,李硕.北极冰下自主/遥控机器人控制系统设计[J].微计算机信息,2009,25(8):253-255.
[25] 李伟,李振宇,吴立辉,等.基于PMAC的远程遥控机器人控制系统[J].机

械与电子,2005(3):48-50.

[26] ZHAN Q,HE Y H,CHEN M.Collision avoidance of cooperative dual redundant manipulators[J].Chinese journal of aeronautics,2003,16(2):117-122.

[27] 陈安军,马学文.一种考虑不确定性双臂机器人的鲁棒协调控制方案[J].江南大学学报(自然科学版),2008,7(1):30-33.

[28] 王从庆,石宗坤,袁华.自由浮动空间双臂机器人的鲁棒协调控制[J].宇航学报,2005,26(4):436-440,447.

[29] 吴军龙,吴建平,李卓,等.光滑表面爬壁机器人设计[J].中国测试技术,2006,32(6):138-140.

[30] 田蔚.嵌入式控制的爬壁机器人研究[D].重庆:重庆大学,2008.

[31] 王忠巍.自主海底管道机器人智能控制关键技术研究[D].上海:上海交通大学,2010.

[32] 徐从启.自主锁止蠕动式微小管道机器人关键技术研究[D].长沙:国防科学技术大学,2010.

[33] 乔晋崴,尚建忠,陈循,等.基于凸轮自锁原理的伸缩式管道机器人设计[J].机械工程学报,2010,46(11):83-88.

[34] 陈定方,舒亮,卢全国,等.超磁致伸缩致动器建模与控制仿真[J].机械工程学报,2007,43(8):12-16.

[35] LIU P K,WEN Z J,SUN L N.An in-pipe micro robot actuated by piezoelectric bimorphs[J].Chinese science bulletin,2009,54(12):2134-2142.

[36] 许湘明,宋晖.变电站机器人视觉伺服系统研究[J].西南科技大学学报,2011,26(4):61-64,70.

[37] 尹湘云,殷国富,胡晓兵,等.基于支持矢量机回归的机器人视觉系统定位精度[J].机械工程学报,2011,47(1):48-54.

[38] CHEN S S,ZUO W H,ZHENG L J.Camera calibration via stereo vision using Tsai's method[C]//2009 First International Workshop on Education Technology and Computer Science. Wuhan: IEEE, 2009: 273-277.

[39] LI L, WANG D S, CUI G H. Trademark image retrieval using region zernike moments[C]//2008 Second International Symposium on Intelligent Information Technology Application. Shanghai: IEEE, 2008: 301-305.

[40] 文广,赵丁选,唐新星,等.遥操作工程机器人力觉双向伺服控制系统[J].吉

林大学学报(工学版),2006,36(6):919-923.
[41] 宋爱国,李新,吴涓,等.基于虚实力融合的遥操作机器人力觉临场感实现方法:中国,201010265811.6[P].2012-05-09.
[42] 郭兵,秦岚,邓达强.基于认知图的机器人触觉传感服装数据处理[J].浙江大学学报(工学版),2007,41(10):1633-1636,1683.
[43] PAN Z,CUI H,ZHU Z Q.A flexible full-body tactile sensor of low cost and minimal connections[C]//SMC'03 Conference Proceedings. 2003 IEEE International Conference on Systems,Man and Cybernetics.Conference Theme-System Security and Assurance (Cat.No.03CH37483).Washington:IEEE,2003:2368-2373.
[44] 秦岚,裴利强.新型智能机器人触觉传感服装阵列标定的研究[J].传感器与微系统,2011,30(7):71-74.
[45] 吕晓玲.基于听觉信息的机器人声源定位技术研究[D].天津:河北工业大学,2010.
[46] 谭平,蔡自兴,于伶俐.机器人听觉实时自适应增益的研究与实现[J].华中科技大学学报(自然科学版),2008,36(S1):46-49.
[47] HU J,CHENG C C,LIU W H.Processing of speech signals using a microphone array for intelligent robots[J].Proceedings of the institution of mechanical engineers,Part I:journal of systems and control engineering,2005,219(2):133-143.
[48] LEVINSON S,ZHU W Y,LI D F,et al.Automatic language acquisition by an autonomous robot[C]//Proceedings of the International Joint Conference on Neural Networks,2003.Portland:IEEE,2003:2716-2721.
[49] 王树立,赵会军.输气管道设计与管理[M].北京:化学工业出版社,2006.
[50] IWASHINA S,HAYASHI I,IWATSUKI N,et al.Development of in-pipe operation micro robots[C]//1994 5th the International Symposium on Micro Machine and Human Science Proceedings. Nagoya: IEEE, 1994: 41-45.
[51] 李云江,荣学文,樊炳辉,等.PRJ-Z 型喷浆机器人的研制与开发[J].中国机械工程,2003,14(20):1711-1713.
[52] 李云江,樊炳辉,江浩,等.喷浆机器人的设计与实现[J].机械科学与技术,2001,20(2):189-190,193.
[53] 宋志安.中型喷浆机器人虚拟样机技术[D].青岛:山东科技大学,2004.
[54] 吕广明,孙立宁,薛渊.神经网络在液压挖掘机工装轨迹控制中的应用[J].

机械工程学报,2005,41(5):119-122.

[55] 何清华,张大庆,黄志雄,等.液压挖掘机工作装置的自适应控制[J].同济大学学报(自然科学版),2007,35(9):1259-1263,1288.

[56] 严骏,黎波,郭刚,等.基于单神经元 PID 的挖掘机铲斗位姿自适应控制[J].解放军理工大学学报(自然科学版),2012,13(3):316-319.

[57] 刘宇,刘春时,张义民.基于 NURBS 的挖掘机自主控制铲斗轨迹规划方法[J].中国工程机械学报,2012,10(2):145-149.

[58] LEE S U,CHANG P H.Control of a heavy-duty robotic excavator using time delay control with integral sliding surface[J].Control engineering practice,2002,10(7):697-711.

[59] BUDNY E,CHLOSTA M,GUTKOWSKI W.Load-independent control of a hydraulic excavator[J].Automation in construction,2003,12(3):245-254.

[60] CHANG P H, LEE S J. A straight-line motion tracking control of hydraulic excavator system[J].Mechatronics,2002,12(1):119-138.

[61] MAKKONEN T,NEVALA K,HEIKKILA R.A 3D model based control of an excavator[J].Automation in construction,2006,15(5):571-577.

[62] LE HANH D,AHN K K,KHA N B,et al.Trajectory control of electro-hydraulic excavator using fuzzy self tuning algorithm with neural network [J].Journal of mechanical science and technology,2009,23:149-160.

[63] LEE S J,CHANG P H.Modeling of a hydraulic excavator based on bond graph method and its parameter estimation[J]. Journal of mechanical science and technology,2012,26:195-204.

[64] XIAO Q,WANG Q F,ZHANG Y T.Control strategies of power system in hybrid hydraulic excavator[J]. Automation in construction, 2008, 17(4):361-367.

[65] ZWEIRI Y H,SENEVIRATNE L D,ALTHOEFER K.Parameter estimation for excavator arm using generalized Newton method[J].IEEE transactions on robotics,2004,20(4):762-767.

[66] GU J,TAYLOR J,SEWARD D.Proportional-Integral-Plus control of an intelligent excavator[J].Computer-aided civil and infrastructure engineering,2004,19(1):16-27.

[67] CRAIG J J.机器人学导论:第三版[M].贠超,等译.北京:机械工业出版社,2006.

[68] 熊光楞，李伯虎，柴旭东.虚拟样机技术[J].系统仿真学报，2001，13(1)：114-117.

[69] 李伯虎，柴旭东.复杂产品虚拟样机工程[J].计算机集成制造系统，2002，8(9)：678-681.

[70] 张旭，毛恩荣.机械系统虚拟样机技术的研究与开发[J].中国农业大学学报，1999，4(2)：94-98.

[71] 蒙艳玫，李尚平，刘正士，等.虚拟样机技术及其在创新产品开发中的应用[J].广西科学，2001，8(4)：256-259.

[72] 李瑞涛，方湄，张文明.虚拟样机技术的概念及应用[J].机电一体化，2000，6(5)：17-19.

[73] 陶学恒，马丽敏，刘彤宴，等.五轴联动并联机床的三维实体建模及运动分析[J].机械工程师，2005(9)：48-49.

[74] 徐文福，强文义，梁斌，等.基于虚拟样机技术的空间机器人系统的建模与仿真[J].机器人，2005，27(3)：193-196.

[75] 李增刚.ADAMS入门详解与实例[M].北京：国防工业出版社，2006.

[76] 郑建荣，汪惠群.过山车虚拟样机的建模与动态仿真分析[J].机械设计与研究，2004，20(2)：74-77，9.

[77] 王一，刘常杰，任永杰，等.工业坐标测量机器人定位误差补偿技术[J].机械工程学报，2011，47(15)：31-36.

[78] 毛剑飞，诸静.工业机器人视觉定位系统高精度标定研究[J].机器人，2004，26(2)：139-144.

[79] JIA S M，SHENG J B，TAKASE K.Development of localization method of mobile robot with RFID technology and stereo vision[J].Computer vision，2008(11)：140-158.

[80] YAMANO K，TANAKA K J，HIRAYAMA M，et al.Self-localization of mobile robots with RFID system by using support vector machine[C]//2004 IEEE/RSJ International Conference on Intelligent Robots and Systems (IROS) (IEEE Cat. No. 04CH37566). Sendai：IEEE，2004，4：3756-3761.

[81] THRUN S，BURGARD W，FOX D.A probabilistic approach to concurrent mapping and localization for mobile robots[J].Autonomous robots，1998，5：253-271.

[82] CHENG L，WANG Y J.Localization of the autonomous mobile robot based on sensor fusion[C]//Proceedings of the 2003 IEEE International

Symposium on Intelligent Control.Houston:IEEE,2003:822-826.
[83] 张宏敏,刘延武.基于计算力矩法的3-RRRT并联机器人控制研究[J].机械设计与制造,2009(1):174-176.
[84] 吴军,李铁民,关立文.飞行模拟器运动平台的计算力矩控制[J].清华大学学报(自然科学版),2006,46(8):1405-1408,1413.
[85] MIDDLETON R H,GOODWIN G C.Adaptive computed torque control for rigid link manipulators[C]//1986 25th IEEE Conference on Decision and Control.Greece:IEEE,1986:68-73.
[86] LIN F J,WAI R J.Hybrid computed torque controlled motor-toggle servomechanism using fuzzy neural network uncertainty observer[J].Neurocomputing,2002,48(1/4):403-422.
[87] 董文瀚,孙秀霞,林岩,等.一类直接模型参考Backstepping自适应控制[J].控制与决策,2008,23(9):981-986,993.
[88] 戴颖,施颂椒.具有清晰暂态性能的机器人鲁棒自适应跟踪控制[J].上海交通大学学报,2000,34(5):615-618.
[89] ER M J,GAO Y.Robust adaptive control of robot manipulators using generalized fuzzy neural networks[J]. IEEE transactions on industrial electronics,2003,50(3):620-628.
[90] YU C H,NAGPAL R.A self-adaptive framework for modular robots in a dynamic environment: theory and applications [J]. The international journal of robotics research,2011,30(8):1015-1036.
[91] 郑艳,朱媛,井元伟.一类欠驱动机械系统基于滑模的变结构控制[J].东北大学学报(自然科学版),2005,26(6):511-514.
[92] 薛力军,胡松华,梁斌,等.空间机器人分布式滑模变结构控制方法[J].控制工程,2009,16(2):234-238.
[93] LIN C J,LEE K S.Contour tracking of a redundant robot using integral variable structure control with output feedback[J].Journal of intelligent & robotic systems,2011,62(2):241-270.
[94] GE S S,LEE T H,ZHU G,et al.Variable structure control of a distributed-parameter flexible beam[J].Journal of robotic systems,2001,18(1):17-27.
[95] 葛瑜,王武,张飞云.移动机器人的离散迭代学习控制[J].机械设计与制造,2011(9):147-149.
[96] 张元波,张奇志,周亚丽.基于虚拟重力的双足机器人迭代学习控制[J].北

京信息科技大学学报(自然科学版),2009,24(4):21-24.

[97] TAYEBI A.Adaptive iterative learning control for robot manipulators[J]. Automatica,2004,40(7):1195-1203.

[98] HAM C H,QU Z H.A new nonlinear learning control for robot manipulators[J].Advanced robotics,1997,11(1):1-15.

[99] 刘豹,唐万生.现代控制理论[M].北京:机械工业出版社,2011.

[100] ROSENBROCK H. The stability of multivariable systems [J]. IEEE transactions on automatic control,1972,17(1):105-107.

[101] MACFARLANE A G J,POSTLETHWAITE I.The generalized Nyquist stability criterion and multivariable root loci[J].International journal of control,1977,25(1):81-127.

[102] ZAMES G.Feedback and optimal sensitivity:model reference transformations,multiplicative seminorms,and approximate inverses[J].IEEE transactions on automatic control,1981,26(2):301-320.

[103] DOYLE J C,STEIN G.Multivariable feedback design:Concepts for a classical/modern synthesis[J].IEEE transactions on automatic control, 1981,26(1):4-16.

[104] DOYLE J, GLOVER K, KHARGONEKAR P, et al. State-space solutions to standard $H_2$ and $H_\infty$ control problems[C]//1988 American Control Conference.Atlanta:IEEE,1988:1691-1696.

[105] 申铁龙.机器人鲁棒控制基础[M].北京:清华大学出版社,2000.

[106] SLOTINE J J E,LI W P.Composite adaptive control of robot manipulators[J].Automatica,1989,25(4):509-519.

[107] ORTEGA R,SPONG M W.Adaptive motion control of rigid robots:a tutorial[J].Automatica,1989,25(6):877-888.

[108] 王丰尧.滑模变结构控制[M].北京:机械工业出版社,1995.

[109] YU H.Robust combined adaptive and variable structure adaptive control of robot manipulators[J].Robotica,1998,16(6):623-650.

[110] ABDALLAH C,DAWSON D M,DORATO P,et al.Survey of robust control for rigid robots [J]. IEEE control systems magazine, 1991, 11(2):24-30.

[111] 谢明江,代颖,施颂椒.机器人鲁棒控制研究进展[J].机器人,2000,22(1):73-80.

[112] MAN Z H,PALANISWAMI M.Robust tracking control for rigid robotic

manipulators[J].IEEE transactions on automatic control,1994,39(1):154-159.

[113] 樊晓平,徐建闽,毛宗源,等.受限柔性机器人臂的鲁棒变结构混合位置/力控制[J].自动化学报,2000,26(2):176-183.

[114] HAM C,QU Z,JOHNSON R.Robust fuzzy control for robot manipulators[J].IEE proceedings-control theory and applications,2000,147(2):212-216.

[115] KERMICHE S,LARBI S M,ABBASSI H A.Fuzzy logic control of robot manipulator in the presence of fixed obstacle[J].The international Arab journal of information technology 2007,4(1):26-32.

[116] LEWIS F L.Neural network control of robot manipulators[J].IEEE expert,1996,11(3):64-75.

[117] PATIÑO H D,CARELLI R,KUCHEN B R.Neural networks for advanced control of robot manipulators[J].IEEE transactions on neural networks,2002,13(2):343-354.

[118] 邱焕耀.模糊控制、神经网络和变结构控制的交叉结合及其应用研究[D].广州:华南理工大学,1999.

[119] ER M J,LOW C B,NAH K H,et al.Real-time implementation of a dynamic fuzzy neural networks controller for a SCARA[J]. Microprocessors and microsystems,2002,26(9/10):449-461.

[120] CASTILLO O,MELIN P.Intelligent adaptive model-based control of robotic dynamic systems with a hybrid fuzzy-neural approach[J].Applied soft computing,2003,3(4):363-378.

[121] SUN F C,SUN Z Q,LI L,et al.Neuro-fuzzy adaptive control based on dynamic inversion for robotic manipulators[J].Fuzzy sets and systems,2003,134(1):117-133.

[122] 常江.基于遗传算法的模糊控制器设计及应用[D].西安:西北工业大学,2006.

[123] SRINIVAS M,PATNAIK L M.Adaptive probabilities of crossover and mutation in genetic algorithms[J].IEEE transactions on systems,man,and cybernetics,1994,24(4):656-667.